Kerstin Röhrich/Markus Helmich

99 TIPPS für DRINNEN und DRAUSSEN

DROSTE

TIPPS für DRINNEN

15

Tipp 21

Tipp 41

Tipp 27

Tipp 35

Tipp 37

TIPPS für DRAUSSEN

Tipp 26

Tipp 25

Tipp 32

LWL
Tipp 37

Tipp 41

Dortmund – EDG Mountainbike-Arena Deusenberg

Ja, das Ruhrgebiet ist ein Ballungsraum – und das ist gut so! Denn so viele geballte Möglichkeiten bietet sonst kaum eine Region. Lust auf Großstadt? Kein Problem zwischen Essen, Dortmund, Bochum, Duisburg und Co. Oder doch eher auf eine Landpartie? Dann auf nach Herten, Breckerfeld oder Haltern. Für wen es ein bisschen (Industrie-)Kultur sein darf, der wird in alten Zechen, Maschinenfabriken oder auf Halden und natürlich ganz klassisch in Museen und Theatern fündig. Nur wenige Kilometer trennen im Ruhrgebiet Freizeitparks, Museen, Spaßbäder, Sportparks, Erlebnisbauernhöfe, Denkmäler und andere Ausflugsziele voneinander. Unmöglich, hier Langeweile zu schieben! Und das ist doch die beste Nachricht, die man Eltern überbringen kann.

Duisburg – Niederrhein-Therme

Deshalb ist dieser kleine Reiseführer auch eine Art „Überlebenshandbuch“ für Familien, die Ferien und Feiertage für den und mit dem Nachwuchs spannend gestalten wollen. Jeden Tag ein Abenteuer erleben – zwischen Rhein und Ruhr kein Problem. Ob mit Vierjährigen (das höchste Lob ist „cooool“), mit Siebenjährigen („Da müssen wir nochmal hin.“) oder auch mit weniger begeisterungsfähigen Teenagern („Ist ganz akzeptabel.“): Wir haben uns bemüht, für alle Familienlagen etwas Passendes zu finden. Die Altersangabe finden Sie jeweils zu Beginn der Tipps. Dabei weichen wir manchmal auch von den Angaben der Veranstalter/Betreiber ab. Ausschlaggebend war oft das Urteil unserer eigenen Sprösslinge. Daneben möchten wir aber auch Tipps für jeden Geldbeutel bieten. Deshalb reicht die Bandbreite vom Spielplatz bis zum Musical. Die Tipps sind außerdem verschiedenen Kategorien zugeordnet. Die entsprechenden Symbole finden

Bottrop – Freizeitpark Schloss Beck

Essen – Zeche Zollverein

sich ebenfalls zu Beginn der Tipps. So ist gleich klar, ob es sportlich zugeht, es ums Mitmachen und Ausprobieren oder um ein Naturerlebnis geht. Es sind sicher auch einige bekannte und beliebte Ausflugsziele dabei, die einfach nicht fehlen dürfen. Dazu haben wir aber hoffentlich auch den ein oder anderen Geheimtipp zu bieten. Und natürlich sollen die Vorschläge auch wetterkompatibel sein, daher „Tipps für drinnen und draußen" – so wird auch ein verregneter Sonntag von der Nervenprobe zum Erlebnis.

Geografisch haben wir uns an die Region zwischen Duisburg und Hamm, dem Kreis Recklinghausen und dem Ennepe-Ruhr-Kreis gehalten. Der Kreis Wesel, der ja verwaltungstechnisch zum Verbandsgebiet des Regionalverbandes Ruhr (RVR) und damit zum Ruhrgebiet zählt, wird in der Ausgabe „Niederrhein" berücksichtigt.

Die Auswahl ist uns nicht leicht gefallen. Wir wissen, dass es noch so viel mehr zwischen Rhein und Ruhr gibt, das es wert ist, vorgestellt zu werden. Aber schließlich soll dieser Freizeitführer noch bequem in jede Tasche passen.

Bochum – Historischer Jahrmarkt

Deshalb: Viel Spaß mit dieser kleinen, sehr subjektiven Auswahl von Tipps, die Sie und Ihre Familie zu Abenteuern „drinnen und draußen" führen. Und noch ein Tipp: Für „Wiederholungstäter" in Sachen Ausflüge im Ruhrgebiet bietet sich die Ruhr.TopCard an. Einmal angeschafft, öffnet sie ein Jahr lang die Türen zu vielen Attraktionen in der Region, kostenlos oder zu vergünstigten Tarifen. Zu bekommen ist die Jahreskarte bei der Ruhrgebiet Tourismus GmbH (RTG).

Gute Reise!

Kerstin Röhrich & Markus Helmich

z.B. Kindermuseum mondo mio! in Dortmund S. 36

z.B. Zeiss Planetarium in Bochum S. 20

DRINNEN

z.B. Spieliothek in Marl S. 90

z.B. Feuerwehrmuseum in Hattingen S. 84

Und 45 weitere Tipps bei Regen, Wind und Wetter …

DRINNEN

#1

ab 6 Jahre

Deutsches
Bergbau-Museum Bochum
Am Bergbaumuseum 28
44791 Bochum
Tel. (02 34) 5 87 70
www.bergbaumuseum.de

Di.–Fr. 8.30–17, Sa./So. 10–17 Uhr, Mo. geschl., Erw. 6,50 €/Kind 3 €/ Familie 14 €

PKW: A 40, AS Bochum-Zentrum, Richtung Zentrum auf Herner Straße/B 51, links in Am Bergbaumuseum, kostenpflichtige Parkplätze an der Straße

(GPS 51.489274, 7.217653)

ÖPNV: Ab Bochum Hbf. mit U-Bahn U 35 Richtung Herne bis Deutsches Bergbau-Museum

Bochum

Deutsches Bergbau-Museum

Warum heißt das Ruhrgebiet eigentlich Kohlenpott? Weil hier bis zur Mitte des 20. Jahrhunderts das Zentrum des Kohleabbaus war. In keiner anderen Region förderten so viele Zechen das so genannte schwarze Gold, in keiner anderen Region verdienten so viele Menschen ihr Geld als Bergleute. Wie die Kohle gefördert wurde, wie es unter Tage aussah und wie die Kumpel arbeiteten, das zeigt das Deutsche Bergbau-Museum Bochum. Besucher können sich hier wie echte Bergleute fühlen, denn ein Anschauungsbergwerk vermittelt das richtige „Unter-Tage-Gefühl". Das beginnt schon im Seilfahrtsimulator, der die perfekte Illusion einer Förderkorbfahrt bis in 1200 Meter Tiefe vermittelt. Vorsicht: Es geht ganz schön ruckelig zu auf der (gefühlten) Fahrt in die Tiefe! Beamerbilder, eingespielte Geräusche und eine Hydraulikplattform sorgen für die passenden Effekte. Für die Bergleute war die Seilfahrt der Beginn ihrer Schicht, für die Besucher ist sie der Auftakt zum Rundgang durch die rund 2,5 Kilometer lange „Strecke". So nennt man die Tunnel unter Tage, durch die wie auf einer Straße Kohle und Geräte transportiert werden. Werkzeuge, Arbeitsmaterialien, ein Grubenfahrrad, eine Elektrolokomotive – alles Originalteile. Allerdings liegt hier die Kohle lediglich 20 Meter unter der Erde. Für Kinder gibt es spezielle Führungen, bei denen sie die Arbeit der Kumpel

Liebevolle Dekorationen, hier in der Schachthalle

Auch in der Dunkelheit ist das Fördergerüst eine Augenweide.

hautnah kennen lernen. Ältere Kinder können sogar das „Bergmannsabitur“ ablegen. Wenn sie am Ende der Führung die Knappenprüfung bestanden haben, wird ihnen der Hauerbrief mit Knappenschlag verliehen. In Workshops können die kleinen Besucher außerdem lernen, wie die Kohle abgebaut wird, was es mit dem Kumpel Grubenpferd auf sich hat oder wie man Bernsteine schleift. Mindestens ein Workshopangebot steht pro Monat im Veranstaltungskalender, meist sonntags.

Mahlzeit!

Grubengold

Cafeteria im Deutschen Bergbau-Museum

Am Bergbaumuseum 28, 44791 Bochum
www.bergbaumuseum.de
Di.–Fr. 9–17, Sa./So./Feiertage 10–17 Uhr, **€**

Auch außerhalb des Ausstellungsbergwerks hat das Bergbau-Museum einiges zu bieten. In der Dauerausstellung sind auf rund 8000 Quadratmetern unzählige Exponate und Informationen zur Bergbaugeschichte, zur Technik und zur Geologie zusammengestellt.

Nach so viel Zeit „unter Tage“ lockt zum Abschluss des Museumsbesuchs ein Ausflug in luftige Höhen. Das Wahrzeichen des deutschen Bergbau-Museums, das grüne Fördergerüst der Schachtanlage Germania in Dortmund-Marten, ist nämlich befahrbar.

Extratipp!

Tierpark Bochum

Wer nach so viel Technik Lust auf Natur hat, kann noch einen Besuch im Tierpark Bochum anschließen. Der kleine und beschauliche Park liegt nur rund zehn Gehminuten vom Museum entfernt. Der Weg dorthin führt größtenteils durch den Bochumer Stadtpark. Rund 350 Tierarten sind in den Gehegen, Aquarien und im Streichelzoo zu Hause. Highlight sind die Nordseewelten, wo sich in großen Becken Seehunde, Pinguine, Schollen oder Seeigel tummeln. Es gibt eine Dünenlandschaft, eine Seegraswiese und auch eine große Storchenanlage.

Tierpark Bochum, Klinikstraße 49, 44791 Bochum, Tel. (02 34) 95 02 90, **www.tierpark-bochum.de**, März tägl. 9–18, Apr.–Sept. tägl. 9–19, Okt. tägl. 9–18, Nov.–Febr. tägl. 9–16.30 Uhr, Erw. 7 €/Kind (ab 3 Jahre) 3,50 €

DRINNEN

#2

ab 3 Jahre

Historischer Jahrmarkt in der Jahrhunderthalle Bochum
An der Jahrhunderthalle 1
44793 Bochum
Tel. (02 34) 3 69 31 00
www.jahrhunderthalle-bochum.de

jährl. im Febr. Sa./So. 11–20 Uhr, Erw. 12,50 €/Kind bis 14 Jahre 9,50 €/Kind unter 80 cm frei

PKW: A 40, AS Bochum Stahlhausen, Beschilderung „Jahrhunderthalle Bochum" folgen, auf Gahlensche Straße, ausgeschilderter Parkplatz

(GPS 51.481244, 7.194582)

ÖPNV: Ab Bochum Hbf. mit Straßenbahn 302 oder 310 bis Bochumer Verein/Jahrhunderthalle

Bochum

Historischer Jahrmarkt in der Jahrhunderthalle

Hereinspaziert! Wenn das Wetter draußen noch grau und kalt ist, locken in Bochum die bunten Lichter des Historischen Jahrmarkts. Im Februar schlägt an drei Wochenenden der größte historische Indoor-Jahrmarkt Europas seine Zelte in der Bochumer Jahrhunderthalle auf. Der Rummel findet komplett in der denkmalgeschützten Industriehalle statt, schlechtes Wetter stört hier niemanden. Rund 6000 Quadratmeter ist die Kirmes groß und erstreckt sich damit ungefähr auf der Fläche eines mittleren Fußballfeldes.

Die ältesten Attraktionen stammen aus der Zeit um 1800, die jüngeren aus der Zeit nach dem Zweiten Weltkrieg. Manche werden sogar noch mit Dampf betrieben. Kirmesfans

Kirmesspaß – ohne Wind und ohne Wetter

und Nostalgiker kommen im Hängekarussell, in der Geisterbahn, auf der Schiffschaukel, im Kettenkarussell oder in der Raupe mit Verdeck bestimmt auf ihre Kosten. Sogar ein ganzes Riesenrad passt unter das Dach der Jahrhunderthalle. Aus Omas Zeiten stammen Attraktionen wie das Spiegelkabinett und der Armbrustschießstand. Für die kleineren Kirmesbesucher gibt es Kasperletheater.

Den Hunger zwischendurch bekämpfen echte Fans mit Paradiesäpfeln, Lebkuchenherzen oder Zuckerwatte – diese Leckereien werden in Buden angeboten, die ebenfalls historisch sind.

Übrigens: Die Jahrhunderthalle Bochum ist ein Ankerpunkt auf der Route der Industriekultur (siehe Extra Seite S. 214).

Mahlzeit!

Mutter Wittig

Historische Gaststätte mit gutbürgerlicher Küche

Große Beckstraße 13, 44787 Bochum
Tel: (02 34) 60 49 14 77
www.burgerado.de
täglich 12–24 Uhr, €

DRINNEN

#3

ab 5 Jahre

Kinderbergwerk Zeche Knirps
LWL-Industriemuseum Zeche Hannover
Günnigfelder Straße 251
44793 Bochum
Tel. (02 34) 6 10 08 74
www.zeche-hannover.de

Museum: Mi.–Sa. 14–18, So./Feiertage 11–18 Uhr, Mo./Di. geschl., Nov.–Apr. geschl., Kinderbergwerk (freies Spielen f. Einzelbesucher): Sa. 14–18, So. 11–18 Uhr, Mo. geschl., Di.–Sa. nur für angemeldete Gruppen, Nov.–März geschl., für Führungen und Events ganzjährig geöffnet, Eintritt frei, Gruppenevents ab 40 €

PKW: A 40, AS Bochum-Hamme, B 226/ Dorstener Straße Richtung Herne-Eickel, links in Magdeburger Straße, weiter auf Edmund-Weber-Straße, links in Hordeler Straße, weiter auf Günnigfelder Straße, Parkplatz am Museum

(GPS 51.504842, 7.163957)

ÖPNV: Ab Bochum Hbf. mit Bus 368 Richtung Wanne-Eickel bis Wanne-Eickel Hbf., mit Bus 368 Richtung Bochum bis Hannoverstraße, ca. 4 Minuten Fußweg über Hannoverstraße und Grubenweg bis zum Zechengelände

Bochum

Kinderbergwerk Zeche Knirps

Bergmann, das war früher ein weit verbreiteter Beruf im Ruhrgebiet. Schließlich waren es die zahlreichen Zechen, die den meisten Menschen in der Region Arbeit gaben. Heute steht der letzte Ruhrgebietspütt vor der Schließung, Bergleute gibt es hier kaum noch. In Bochum können Kinder aber dem alten Beruf und der Tradition des Ruhrgebiets nachspüren. Im Industriemuseum Zeche Hannover hat der Landschaftsverband Westfalen-Lippe die Zeche Knirps aufgebaut, ein bundesweit einzigartiges Kinderbergwerk.

Ausgestattet mit Helm und Bergmannskluft fahren die Mini-Kumpel hier ein, um Kies (nicht Kohle) zu fördern. In einem nachgebauten Stollen sollen sie im Team den Kies zusammentragen, transportieren und ans Tageslicht bringen. In der originalgetreu nachempfundenen Anlage bedienen sie mit Muskelkraft Förderbänder, Loren und die große Fördermaschine. Nach der anstrengenden Schicht können sich die „Arbeiter“ auf dem Spielplatz austoben.

Spannende Abenteuer unter Tage – Glück auf!

Sinnvoll ist es, eines der Spiel- und Erlebnisprogramme zu buchen, was allerdings nur als Gruppe geht. Da unternehmen Kinder von 5 bis 7 Jahren dann mit Berggeist „Flözian“ eine Entdeckungstour, oder größere Kinder legen eine Extraschicht im Kinderbergwerk ein. Wer nicht mit einer Gruppe kommt, hat die Möglichkeit, sich einem der festen Termine für Kinderworkshops oder Führungen über das gesamte Gelände anzuschließen.

Es können nämlich auch die alten Anlagen und Gebäude der ehemaligen Zeche Hannover besichtigt werden. Der Malakowturm ist begehbar, und in der Maschinenhalle steht die älteste am Originalstandort erhaltene Dampffördermaschine der Region. Der Koloss von 1893 wird immer mal wieder angeheizt und vorgeführt. Der Rest der Zeche gehört der Kultur. Hier werden wechselnde Ausstellungen gezeigt.

Mahlzeit!

Gastronomie in der Zeche Hannover

Biergarten und Bistro mit Blick auf den Malakowturm

Adresse wie Kinderbergwerk
www.gastronomie-zeche-hannover.de
Apr.–Okt. Sa. 14–18, So./Feiertage 11–18 Uhr, Mo.–Fr. geschl., Nov.–März. geschl., €

Extratipp!

Dampf-Festival

Alle zwei Jahre dampft es gewaltig auf der Zeche Hannover: Im Mai findet dann das Dampf-Festival Ruhrgebiet statt. Zu sehen sind historische Dampfmaschinen wie Walzen, Traktoren oder auch dampfbetriebene Autos. An Modellen und Nachbauten können die Besucher selbst Dampf ablassen. Für Kinder gibt es immer ein umfangreiches Begleitprogramm.

Dampf-Festival Ruhrgebiet, LWL-Industriemuseum Zeche Hannover, Adresse wie Kinderbergwerk, alle zwei Jahre im Mai, Eintritt frei

DRINNEN

#4

ab 5 Jahre

Starlight Express
Stadionring 24
44791 Bochum
Tel. (02 34) 50 60 20
www.starlight-express.de

Di./Mi. 18.30, Do./Fr. 20, Sa. 15 u. 20, So. 14 u. 19 Uhr, Tickets 37,40–112 €, Kinder bis 14 Jahre 50 % Ermäßigung (auf Aktionen im Internet achten)

PKW: A 40, AS Ruhrstadion, Stadionring folgen, links in Stadionring, Parkplätze am Theater

(GPS 51.492667, 7.234194)

ÖPNV: Ab Bochum Hbf. mit Bus 388 Richtung Keplerweg bis RuhrCongress, Stadionring zu Fuß rund 200 m folgen

Extratipp!

Tag der offenen Tür

In den NRW-Sommerferien lädt der Starlight Express jährlich zum „Tag der offenen Tür", bei dem Besucher nicht nur hinter die Kulissen schauen, sondern auch mitmachen können. Beim großen Fanwettbewerb präsentieren Kandidaten ihr Können in Gesang und Tanz. Außerdem stehen Technikshows, Autogrammstunden, Fotoaktionen und eine Kostümversteigerung auf dem Programm.

Bochum

Starlight Express

In Bochum wird seit mehr als 25 Jahren die Weltmeisterschaft der Lokomotiven ausgetragen – und das beinahe jeden Abend. Der „Starlight Express" zählt mittlerweile zu den bekanntesten Musicals der Welt. Mehr als 14,5 Millionen Besucher haben das spannende Rennen zwischen der Dampflok Rusty, der Diesellok Greaseball und der E-Lok Electra inzwischen gesehen. Damit landete die Bochumer Inszenierung sogar im Guinnessbuch der Rekorde. Es ist das erfolgreichste Musical der Welt an einem Standort. Andere bekannte Inszenierungen wie „Cats" oder das „Phantom der Oper" wechseln nämlich immer wieder die Spielstätte.

Es gibt aber einen noch viel wichtigeren Unterschied zu all den anderen Musicals, bei denen viel gesungen und manchmal auch getanzt wird: Alle Darsteller des „Starlight Express" fahren auf Rollschuhen. 26 Darsteller spielen und singen die Story um das große Rennen – 24 davon auf Rollerskates. Zwei weitere sorgen auf Rollerblades für noch mehr Action: Die Stuntskater zeigen artistische Einlagen. Dazu kommen pyrotechnische Effekte wie Funkensprühen, eine Lasershow und Rennen mit bis zu 60 Stundenkilometern.

Die Zuschauer sind immer mittendrin: Die Skatebahnen verlaufen auf drei Ebenen im gesamten Theater. Gefahren wird also auch quasi zwischen den Stuhlreihen. Es gibt sogar Panoramasessel, die sich dre-

Rustys übermächtige Gegnerin: Electra, die E-Lok

hen lassen, damit das Publikum immer beste Sicht auf die rollenden Darsteller hat. Das weitere Geschehen spielt sich auf einer rund 1110 Quadratmeter großen, hydraulischen Bühne ab. Über allem dreht dazu noch eine echte Modelleisenbahn unter einem elektrischen Sternenzelt ihre Runden.

Die Geschichte um den Kampf der Züge ist ein modernes Märchen von Fairness, Loyalität und dem Blick auf das, was wirklich zählt: Die veraltete, aber liebenswerte Dampflok Rusty tritt zur Weltmeisterschaft der Lokomotiven an. Gegen die hochmodernen und schnellen Züge neuerer Generation scheint sie jedoch chancenlos. Trotzdem gibt sich Rusty optimistisch, zumal er das Herz des 1.-Klasse-Waggons Pearl erobern möchte. Als ihn nach dem ersten Rennen aber der Mut verlässt, springt die alte Lok Papa für ihn ein. Ein unfaires Rennen kostet die altersschwache Lok jedoch so viel Kraft, dass sie zum Finale nicht mehr antreten kann. Erst der legendäre Starlight Express kann Rusty davon überzeugen, an sich zu glauben und die Herausforderung anzunehmen. Mit neuem Mut erobert Rusty schließlich den Titel und seine große Liebe.

DRINNEN

#5

ab 4 Jahre

Theater Zauberkasten im Kulturmagazin Lothringen
Lothringer Straße 36 c
44805 Bochum-Gerthe
Tel. (02 34) 86 62 35
www.zauberkasten.de

Öffnungszeiten nach Programm (siehe Internet), KinderZauberTheater: Erw. 6 €/Kind 4 €, Abendprogramm f. Erw. 12 bzw. 16 € p. P.

PKW: A 43, AS Kreuz Bochum, Richtung Bochum-Gerthe, Castroper Hellweg folgen, rechts in Hans-Sachs-Straße, links in Lothringer Straße, Parkplätze am Kulturmagazin

(GPS 51.519501, 7.282737)

ÖPNV: Ab Bochum Hbf. mit Straßenbahn 308/318 bis Schürbankstraße, 5 Minuten Fußweg: Schürbankstraße Richtung Süden, rechts in Lothringer Straße

Bochum

Theater und Zauberschule Zauberkasten

Zauberhaft statt arbeitsreich geht es auf der ehemaligen Zeche Lothringen in Bochum-Gerthe heute zu. Wie in zahlreichen anderen ausgedienten Zechen, Fabriken oder Maschinenhallen haben sich hier Kulturschaffende niedergelassen. Im Kulturmagazin Lothringen hat der Zauberkasten seine Heimat gefunden. Das zauberhafte Duo Robinson & Angelika hat sich im zweiten Stock des soziokulturellen Zentrums Kulturmagazin einen Traum verwirklicht und ein kleines Theater für Zauberei und Kleinkunst etabliert. Das Duo tritt nicht nur selbst auf, sondern stellt seine Bühne auch anderen Künstlern für Comedy, Kabarett und Musikshows zur Verfügung.

Der Zauberkasten bietet Platz für rund 70 große und kleine Zuschauer. An Sonntagnachmittagen steht KinderZauberTheater auf dem Programm. Die Stücke, die das Magierduo hier präsentiert, sind schon für Kinder im Vorschulalter geeignet. Die beiden zeigen dann zum Beispiel, was passiert, wenn ein Zauberer seine Kunst nicht nur auf

Simsalabim, Hokus Pokus Fidibus, dreimal schwarzer Kater …

der Bühne, sondern auch in der heimischen Küche ausprobiert. In einem anderen Stück nehmen sie das junge Publikum mit auf eine magische Weltreise und klären dabei so wichtige Fragen wie die, ob man einen Elefanten angeln kann oder wie viele Pinguine ein Eisbär pro Jahr frisst.

Wer mag, kann auch selbst das Zaubern lernen. In speziellen Kinderzauberkursen, die Robinson und Angelika vor allem in den NRW-Sommerferien anbieten, lernt der Nachwuchs, wie man mit ganz gewöhnlichen Dingen ungewöhnliche Sachen machen kann. Beim abschließenden Zauberfest dürfen die Schüler ihr Können dann auf der Bühne präsentieren. Die Zauberlehrlinge sollten mindestens 8 Jahre alt sein.

Mahlzeit!

Franky's Diner

Amerikanisches Diner im Stil der 1950er-Jahre, spezielle Kindermenüs auf der Karte

Castroper Hellweg, 44805 Bochum
Tel. (02 34) 68 54 00
www.frankysdiner.de
Mo.–Do. 7–22, Fr. 7–23, Sa. 9–23, So. 9–22 Uhr, €

Extratipp!

Puzzleum

Im Foyer des Zauberkastens wird es kniffelig: Hier haben die Zauberer das wohl erste deutsche Puzzlemuseum eingerichtet. Rund 800 verschiedene Geduldspiele und Kniffeleien sind zu sehen. Da steht der Zauberwürfel neben dem Tangram, Vexiere neben Labyrinthen. Wer mag, kann auch eine Führung durch die große Ausstellung buchen und sich einzelne Knobeleien erklären lassen. Die Hausherren wissen außerdem eine Menge über die Geschichte der Geduldspiele zu erzählen.

Adresse und Öffnungszeiten wie Zauberkasten

DRINNEN

#6

ab 4 Jahre

Zeiss Planetarium Bochum
Castroper Straße 67
44791 Bochum
Tel. (02 34) 51 60 60
www.planetarium-bochum.de

Di.–So. lt. Programm geöffnet, Mo. geschl., Erw. 8,50 €/Kind (im Familienverbund) 2 €/Kombiticket mit Tierpark Bochum oder Deutschem Bergbau-Museum Bochum 20 % Ermäßigung

PKW: A 40, AS Bochum-Stadion, geradeaus auf Stadionring Richtung Bochum Zentrum, im Kreisverkehr 1. Ausfahrt auf Küppersstraße, links auf Klinikstraße, rechts auf Kürfürstenstraße, links auf Lorenz-Rebbert-Allee, hier Parkbuchten an der Straße

(GPS 51.485283, 7.227271)

ÖPNV: Ab Bochum Hbf. mit Straßenbahn 308 oder 318 Richtung Bochum-Gerthe bis Planetarium

Bochum

Zeiss Planetarium

Der Weg zu den Sternen führt über Bochum. Die große Kuppel in der Innenstadt beherbergt praktisch das gesamte bekannte Universum – als technisch perfekte Simulation. Ein wenig erinnert das Ganze an das Holodeck aus Science-Fiction-Filmen. Was hier zu sehen ist, ist lediglich eine Projektion, nicht der reale Weltraum. Mehrmals am Tag finden Astronomieshows statt, in denen die Besucher solch eine Projektion erleben können. Das Programm dieser Shows wechselt mehrmals im Jahr.

Die spezielle Vorführungsart vermittelt den Besuchern den Eindruck, immer mittendrin zu sein. Für Kinder ab 6 Jahren gibt es spezielle Shows, die Geschichten und Märchen mit dem Thema Sternenhimmel verknüpfen. Da wird zum Beispiel von Lars, dem kleinen Eisbären, erzählt und dabei der Bogen vom Sternbild des großen Bären über die Zeichentrickfigur bis zur Arktis als Lebensraum der Eisbären geschlagen. Schulkinder können sich auf eine Zeitreise zu den Sternen bege-

Wenn über Bochum die Sterne erstrahlen.

Das Universum aus einer anderen Perspektive

ben oder als Planetenforscher durchs Weltall reisen. Für jedes Alter werden spannende Shows angeboten, die in der Regel 45 Minuten dauern. Ältere Kinder (ab etwa 12 Jahren) können die regulären Astronmieshows besuchen, die rund eine Stunde dauern.

Daneben bietet das Planetarium Lesungen und Hörspiele an, darunter auch solche für Kinder. Ausstellungen und Konzerte stehen ebenfalls auf dem Programm. Es lohnt sich, die aktuellen Angebote im Planetarium zu verfolgen.

Mahlzeit!

Burgerado

Bochums erste und einzige Burger-Bar bietet auch Exoten wie den Erdnussbutter-Burger

Große Beckstraße 13, 44787 Bochum
Tel: (02 34) 60 49 14 77
www.burgerado.de
täglich 12–24 Uhr, €

DRINNEN

#7

ab 4 Jahre

Alpincenter Bottrop
Prosperstraße 299–301
46238 Bottrop
Tel. (0 20 41) 7 09 50
www.alpincenter.com

So.–Do. 9.30–23, Fr./Sa. 9.30–2, Piste: Mi.–So. 10–17 Uhr, All-inclusive-Familienticket (2 Erw., 2 Kinder) Mo.–Fr. 85 €, Sa./So. 100 €

PKW: A 42, AS Autobahnkreuz Essen Nord auf B 224 Richtung Gladbeck, links in Prosperstraße, kostenlose Parkplätze an der Talstation, Parkplatz an der Bergstation mit saisonaler Gebühr

(GPS 51.524869, 6.968614)

ÖPNV: Ab Bottrop Hbf. mit Bus 262 Richtung Eigen Markt, ab ZOB weiter mit Bus 263 Richtung Boyer Straße/ Essen bis Alpincenter

Hochseilklettern im Sommer …

Bottrop

Alpincenter

Lust auf Schnee? Auf der Halde Prosper in Bottrop schneit es täglich. Unter dem Dach der längsten Skihalle der Welt verbergen sich eine 640 Meter lange Skipiste sowie ein Anfängerhügel. Genau das Richtige für einen Familien-Skiausflug. Vor allem Anfänger oder Wiedereinsteiger auf den Brettern finden hier das geeignete Terrain. Die Abfahrt ist nicht allzu steil und die Piste meist gut präpariert. Allerdings kann es am Wochenende oder in den Ferien schon mal sehr eng werden – lange Warteschlangen am Verleih und auf der Piste sind die Folge. Zudem leidet dann die Skistrecke, und es kann an einigen Stellen glatt werden.

Mit dem Alpincenter hat das Ruhrgebiet ein Stück Alpenambiente. Hier gibt es alles, was man aus dem Skiurlaub kennt: eine lange Piste, einen Ski- und Snowboardverleih, einen Sportshop, Aprés-Ski-Bars und ein Schneemobil, das mehrmals am Tag den Schnee präpariert. Die Gondel- oder Liftfahrt fällt allerdings aus: Hier transportiert ein Förderband die Wintersportler den Hang hinauf, der auch für Ungeübte bei der Abfahrt gut zu bewältigen ist.

Ein Tag im Alpincenter Bottrop lässt sich gut mit dem Besuch der Skischule kombinieren. Rund 100 Ski- und Snowboardlehrer vermitteln in unterschiedlichen Kursen die hohe Kunst des Fahrens. Das soll laut

… Snowboarden im Winter – oder andersherum

Eigenwerbung in der Halle sogar wesentlich schneller gehen als in der Natur. Im Ski-Kindergarten lernen schon 4-Jährige, sich auf den Brettern zu halten. Für Knirpse ab 9 Jahren werden bereits Snowboardkurse angeboten. Die Gruppenkurse dauern in der Regel zwei Stunden und es empfiehlt sich, im Voraus zu buchen. In allen NRW-Ferien werden auch mehrtägige Kurse angeboten. Während die Kinder sicher betreut sind, können die Erwachsenen selbst ihr Können weiterentwickeln oder einfach in der Bar ein Skiwasser trinken.

Für einen Tagesausflug bietet sich das All-inclusive-Ticket an. Das beinhaltet neben Eintritt und Ausrüstung Getränke, Pommes, Nuggets, Nudeln und Co. vom Buffet. Kleidung kann ebenfalls geliehen werden – Handschuhe ausgenommen.

Mahlzeit!

Pistenbar

Schnelles Essen vom Buffet

Adresse und Öffnungszeiten wie Alpincenter, Essen und Getränke im All-inclusive-Ticket enthalten

Extratipp!

Funsportpark

Rund um die Skihalle ist mittlerweile ein Funsportpark entstanden, in dem man sich so richtig austoben kann. Mutige nehmen die rund 1 Kilometer lange Sommerrodelbahn im Außenbereich der Halle, deren Wagen mit bis zu 40 Stundenkilometern die Halde hinabsausen. Kinder ab 3 Jahren können hier in Begleitung fahren. Aktive lockt der Hochseilklettergarten mit 13 abwechslungsreichen Stationen. Alle Angebote kosten zusätzlich.

Sommerrodelbahn, Adresse wie Alpincenter, Mai–Sept. Mo.–So. 10 Uhr–Einbruch der Dunkelheit, wetterabhängig, Okt.–Apr. geschl., Erw. 3,50 €/Kind 2,50 €/Familie 4,50 € pro Fahrt; **Hochseilklettergarten,** Adresse wie Alpincenter, Mai–Sept. Mo.–Fr. 14–19, Sa./So. 11–19 Uhr, Okt.–Apr. geschl., Erw. 14 €/ Kind bis 12 Jahre 9 €

DRINNEN

#8

ab 6 Jahre

Sporttreff Castrop-Rauxel
Industriestraße 1 a
44577 Castrop-Rauxel
Tel. (0 23 67) 80 03
www.sporttreff-castrop.de

Mo.–Fr. 8–24, Sa./So./Feiertage 9–24 Uhr, ab 15 € pro Stunde, Kinderferiencamp 12,50 € pro Tag

PKW: A 2, AS Recklinghausen-Ost, auf Rölighauser Straße Richtung Recklinghausen, rechts in Schmalkalder Straße, weiter auf Henrichenburger Straße, rechts in Wartburgstraße, rechts in Industriestraße, Parkplätze vor der Halle

(GPS 51.600452, 7.298475)

ÖPNV: Ab Castrop-Rauxel Hbf. mit Schnellbus SB 22 Richtung Datteln bis Henrichenburg-Mitte, Bus 233 Richtung Recklinghausen Hbf. bis Castrop-Rauxel Wartburg, etwa 9 Minuten Fußweg: rechts in Wartburgstraße, rechts in Industriestraße

Castrop-Rauxel
Sporttreff

Bolzplatz war gestern. Teufelskicker spielen heute auf Soccer-Five-Plätzen. Geschützt vor Wind und Wetter in der Halle, fünf gegen fünf im rasanten Spiel – so geht Freizeitfußball heute.

Geeignete Plätze gibt es zum Beispiel im Sporttreff Castrop-Rauxel. Hier stehen drei Courts mit Kunstrasen zur Verfügung, der nicht grün, sondern blau ist – das schafft bessere Sichtverhältnisse. Der Platz selbst ist wesentlich kleiner als normale Spielfelder, dazu noch eingezäunt, sodass der Ball immer im Spiel bleibt. Wer hier nicht reaktionsschnell ist, bleibt auf der Strecke. Gekickt wird aber nur viermal zwölf Minuten, unterbrochen von zweiminütigen Pausen. Das Spiel ist also schon beendet, bevor allen die Puste ausgeht. Pro Mannschaft treten je fünf Spieler an. Es bietet sich deshalb an, den Trip in den Sporttreff als Gruppen- oder Familienausflug zu gestalten. Die Courts können pro Stunde gebucht werden.

Wer lieber Sand unter den Füßen spürt, kann sich im weitläufigen Beach-Sportbereich der Halle tummeln.

Vielfältige sportive Angebote …

Auf den insgesamt 1800 Quadratmetern Hallenfläche gibt es nämlich auch Spielbereiche für Beach-Volleyball, Beach-Soccer, Beach-Handball, Beach-Korfball, Beach-Tennis oder Beach-Badminton. Regelmäßige Turniere, Workshops und offene Trainingsstunden sorgen dafür, dass sich die Sportler untereinander kennen lernen. Aber auch für alle, die nur mal zum Spaß im Sand „toben“ wollen, ist die Halle einen Ausflug wert.

Für Kinder gibt es im Sommer ein spezielles Ferienprogramm. Im „Feriencamp“ können die Kids von 9 bis 15 Uhr alle Plätze nutzen und sich bei allen Sportarten austoben. Da wird zum Beispiel gemeinsam Brennball oder ein Handball-Turnier gespielt. Ein Mittagessen ist inklusive. Auch die Football Academy Germany bietet in den schulfreien Zeiten häufig spezielle Trainingslager in der Castrop-Rauxeler Halle an. Die Nachwuchskicker müssen sich dafür im Vorfeld anmelden.

Mahlzeit!

Sporttreff Sportsbar

Trinken, Essen und im Fernsehen schauen, wie die Profis spielen

Adresse und Öffnungszeiten wie Sporttreff, €

… für Groß und Klein

DRINNEN

#9

ab 6 Jahre

Atlantis
Konrad-Adenauer-Platz 1
46282 Dorsten
Tel. (0 23 62) 9 51 70
www.atlantis-dorsten.de

Mo. 10–21.30, Di.–Do. 8–21.30, Fr. 8–23, Sa. 10–23, So. 9–21, Feiertage 9–22 Uhr (Spaßbad), Erw. (3 Std.-Ticket) 9 €/Kind 6 €/Familie 2 € Rabatt pro Kind/Kind unter 1 m frei

PKW: A 31, AS Kirchellen-Nord, auf B 225 Richtung Dorsten-Zentrum, links auf B 224, Ausfahrt auf Crawleystraße, links Crawleystraße folgen, links in Borkener Straße, weiter bis Konrad-Adenauer-Platz, kostenloses Parkhaus

(GPS 51.667322, 6.963447)

ÖPNV: Ab ZOB Dorsten mit Bus 208/SB 28/SB 26 bis Lippetor, Hauptstraße überqueren, links auf Borkener Straße bis Konrad-Adenauer-Platz, ca. 5 Minuten Fußweg

Dorsten

Freizeitbad Atlantis

Das wohl längste Rutschvergnügen im Land bietet das Freizeitbad Atlantis in Dorsten. Unter und über der riesigen Glaskuppel schlängeln sich fünf High-Tech-Rutschen mit insgesamt 390 Metern Länge ins erfrischende Nass. So lässt sich locker ein ganzer verregneter Nachmittag „wegrutschen“. Alle fünf sind für Kinder geeignet, die bereits schwimmen können. Mal rasant, mal gemütlich, mal für Singlerutscher, mal für Eltern-Kind-Tandems – hier findet jeder seinen persönlichen Rutschstar.

Für kleinere Kinder bietet sich die „Blue-Dolphin-Rutsche“ an. Geschwindigkeitsrekorde werden hier nicht gebrochen und sie ist so breit, dass auch Zweierteams an den Start gehen können. Der Auslauf ist ebenfalls breit gestaltet, sodass die Schwimmer sanft ins Becken inmitten der Tropenlandschaft gleiten. Die Röhre ist als einzige der vier Innenrutschen zumindest teilweise offen.

Mit dem Bobby Car auf die Rutsche

Auch die „Smaragd Slide“ ist durchaus familientauglich. Auf dem Hosenboden rutscht es sich hier recht gemütlich, Abenteuerlustige können im Reifen mit deutlich höherer Geschwindigkeit durch die 20 Meter lange Röhre sausen.

Die „Black Mamba“ verlangt dagegen erfahrenere Rutscher, denn hier wird es mittendrin zappenduster. Lichteffekte ma-

Piratentreffen im Freizeitbad

chen die Partie noch spannender. Die Rutsche schlängelt sich unterhalb der Glaskuppel durch das gesamte Bad.

Nur für Fortgeschrittene eignet sich die „Speed Shark". Durch die Steilrutsche sausen die Schwimmer in atemberaubender Geschwindigkeit. In der 60 Meter langen Röhre wird man bis zu 30 Stundenkilometer schnell.

Als einzige Außenrutsche lockt die „Silver Slider" besonders an heißen Tagen, die mit ihrer 20 Meter langen, offenen Röhre auch für Familien und Kinder geeignet ist.

Dreh- und Angelpunkt des Bades ist das Erlebnisbecken mit echter Tropenlandschaft. Abenteurer können unter dem hier liegenden Ostseekutter „Ole Wismar" hindurchtauchen. Betreten darf man den Kutter leider nicht. Daneben gibt es ein großes Nichtschwimmerbecken, einen Strömungskanal, Wasserfälle, Sprudelliegen, einen Whirlpool und eine Brodelbucht. Kleinere Geschwister fühlen sich bestimmt im Babybecken mit Rutsche wohl. Zum Service gehören auch Kinderduschen, Laufställe und ein Wickelbereich.

Im Sommer kann man open air im angeschlossenen Freibad schwimmen.

Mahlzeit!

Jamaika Café

Poppiges Bistro im Eingangsbereich des Atlantis

Adresse und Öffnungszeiten wie Freizeitbad, €

DRINNEN

#10

ab 5 Jahre

DASA
Deutsche Arbeitsweltausstellung
Friedrich-Henkel-Weg 1–25
44149 Dortmund
Tel. (02 31) 90 71-2479
www.dasa-dortmund.de

Di.–Fr. 9–17, Sa./So. 10–18 Uhr, Mo. geschl., Erw. 5 €/Kind ab 6 Jahre 3 €/ Familie 10 €

PKW: A 40 Richtung Unna, AS Dortmund-Barop, rechts in Kortental, Kreisverkehr 1. Ausfahrt in Emil-Figge-Straße, rechts in Vogelpothsweg, rechts in Friedrich-Henkel-Weg, Parkplatz am Gebäude

(GPS 51.498517, 7.420386)

ÖPNV: Ab Dortmund Hbf. mit S-Bahn S 1 bis Dortmund-Dorstfeld Süd, ca. 15 Minuten Fußweg: links in Kortental, rechts in Twerskuhle, weiter bis Friedrich-Henkel-Weg

Dortmund

Arbeitswelt-ausstellung DASA

„Mensch – Arbeit – Technik" – unter diesem Motto steht Deutschlands größte Arbeitsweltausstellung, die DASA in Dortmund. Mit 13.000 Quadratmetern Ausstellungsfläche ist die Schau die größte ihrer Art in Deutschland.

Die Dauerausstellung ist in zwölf Ausstellungseinheiten unterteilt: Von der Arbeit mit den neuesten Informations- und Kommunikationstechniken über Arbeit und Zeitdruck in den Medien bis hin zur Schichtarbeit in der Stahlindustrie werden alle möglichen Arbeitsbereiche vorgestellt. Aber auch Arbeitstechniken, Fakten zur Arbeitssicherheit und zur Zukunft der Arbeit werden hier dokumentiert.

Analysiert wird dabei immer, was die Arbeit mit dem Menschen macht. Vieles können die Besucher am eigenen Leib erfahren, zum Beispiel im Lärmtunnel, der die Dezibelzahl alltäglicher Geräusche veranschaulicht, oder bei der Fahrt in die Unterwelt. Hier haben die Besucher die Möglichkeit, bei Lärm, Hitze und Nebel die extremen Arbeitsbedingungen nachzufühlen, denen U-Bahn-Arbeiter ausgesetzt sind. Die Stahlhalle erzählt von körperlicher Schwerstarbeit, im so genannten Wirbelgang steht dann der eigene Rücken auf dem Prüfstand.

Extratipp!

Kinderbaustelle

Hier hätte Bob der Baumeister seine helle Freude: Im Innenhof der DASA wartet eine Kinderbaustelle auf kleine Arbeiter. Auf dem Abenteuerspielplatz kann der Nachwuchs baggern, Dächer decken, Steine schleppen oder Mauern hochziehen. Für die Pause zwischendurch bietet sich der Bauwagen an. Wer genug geackert hat, kann hier einfach klettern und toben. Helme und Handschuhe gehören zur Grundausrüstung und werden auf der Baustelle zur Verfügung gestellt. Ein zusätzlicher Eintritt wird nicht erhoben.

Adresse und Öffnungszeiten wie Arbeitsweltausstellung

Die Wissenschaftler von morgen

Viele der ausgestellten Geräte lassen sich bedienen oder in Gang setzen. Industrieroboter, Elektronenmikroskop, Webstuhl oder Dampfmaschine zeigen in der Praxis, wie die Arbeit in den einzelnen Arbeitsbereichen aussieht.

Spannend ist die DASA vor allem für Kinder ab 5 Jahren, die schon erste technische Zusammenhänge verstehen. Ab diesem Alter können auch Kinderführungen gebucht werden.

Ergänzend zur DASA finden wechselnde Sonderausstellungen zu Themen aus der Arbeitswelt statt.

Mahlzeit!

Museumsgastronomie

Wechselnde Tagesgerichte, Snacks und Raum für das eigene kleine Picknick

Adresse und Öffnungszeiten wie Arbeitsweltausstellung, €

Nicht nur die Großen stehen hier im Mittelpunkt.

DRINNEN

#11

ab 9 Jahre

DFB-Fußballmuseum
Platz der Deutschen Einheit 1
44137 Dortmund
www.dfb-fußballmuseum.de
(Eröffnung 1. Halbjahr 2015)

PKW: A 45, AS Dortmund-Hafen, Richtung Dortmund-Huckarde, auf Mallinckrodtstraße, rechts in Uhlandstraße, weiter auf Kurfürstenstraße, auf Paul-Winzen-Straße, Parkhäuser in der Umgebung des Hauptbahnhofs

(GPS 51.477932, 7.224730)

ÖPNV: Mit Regional- oder S-Bahn bis Dortmund Hbf., von dort ca. 2 Minuten Fußweg

Dortmund

DFB-Fußballmuseum

König Fußball residiert in Dortmund. Im Frühjahr 2015 wird der Deutsche Fußball-Bund genau gegenüber dem Dortmunder Bahnhof sein lange geplantes Museum eröffnen. Das Deutsche Fußballmuseum will die Faszination des Ballsports erklären und bewahren. Auf einer Ausstellungsfläche von ca. 6000 Quadratmetern wird das Thema Fußball multimedial und interaktiv aufbereitet. Das Motto lautet: „Wir sind Fußball".

Neben Videos, Multimediastationen und Infotexten bietet das Fußballmuseum natürlich auch Originalausstellungsstücke wie zum Beispiel Oliver Bierhoffs Schuhe, sein Trikot und seine Hose aus dem Europameisterschaftsfinale von 1996. Mit dem Dress will die Schau an das „Golden Goal" von Wembley erinnern. Am 30. Juni 1996 hatte Oliver Bierhoff im Londoner Wembley-Stadion in der fünften Minute der Verlängerung beim Spielstand von 1:1 das EM-Finale gegen die Tschechische Republik mit einem

König Fußball und seine Anhänger

Linksschuss beendet. Er führte Deutschland mit seinem 2:1-Treffer zum dritten Europameisterschaftstitel. Auch Schalke-Star Raúl hat sein Trikot und den Spielball, mit dem er im Februar das 400. Tor seiner Spielerkarriere erzielte, dem DFB-Fußballmuseum zur Verfügung gestellt. Dazu zeigt die Schatzkammer die wertvollsten Pokale der Nationalmannschaft und die „Hall of Fame" präsentiert Legenden des Sports.

In fünf Themenbereichen zeigt das Museum, was König Fußball ausmacht. Die Besucher starten „Vor dem Spiel" mit einer Einstimmung ins Thema. In der „1. Halbzeit" geht es um die Nationalmannschaften der letzten Jahrzehnte und den deutschen Fußball. „Halbzeitpause" informiert über Trainer und Taktik, die „2. Halbzeit" über den Vereinsfußball. Im Bereich „Nach dem Spiel" darf der Ball schließlich gekickt werden – virtuell und real.

Mahlzeit!

Bam Boomerang
Australian Pub and Grill

Känguru-Currywurst und klassische Burger in der australischen Sportsbar, Fußball-Übertragungen inklusive

Kuckelke 20, 44135 Dortmund
Tel. (02 31) 18 91 76 91
www.bam-boomerang-dortmund.de
So.–Fr. ab 16, Sa. ab 14 Uhr, €

Fußballlegende Gerd Müller findet das neue Museum klasse.

DRINNEN

#12

ab 4 Jahre

Revierpark Wischlingen, Eishalle
Höfkerstraße 12
44149 Dortmund
Tel. (02 31) 91 70 71-0
www.wischlingen.de

Okt.–März, Di.–Fr. 14.30–17, Do./Fr. zusätzlich 18–22, Sa./So./Feiertage 9.30–12.30 und 14–17.30, Sa. auch 19–22, So./Feiertage auch 19–21.30 Uhr, Mo. geschl., Apr.–Sept. geschl., Erw. 4,50 €/Kind 2,50 €/Familie 12 €

PKW: A 45, AS Huckarde Richtung Hafen, auf Mallinckrodtstraße, AS Dortmund-Dorstfeld auf Huckarder Straße, rechts in Höfkerstraße, Straße folgen bis Revierpark, Parkplätze am Park

(GPS 51.520770, 7.402364)

ÖPNV: Mit Bus 447 oder 465 bis Revierpark oder ab Dortmund Hbf. mit S-Bahn S 2 bis Wischlingen, Höfkerstraße folgen bis Eingang Revierpark, ca. 4 Minuten Fußweg

Dortmund

Eislaufhalle im Revierpark Wischlingen

Cool geht's zu in Dortmund. Im dortigen Revierpark Wischlingen steht eine Eishalle, die Kufenkünstler auf zwei Ebenen herausfordert. Die Eislauffläche teilt sich in zwei höhenversetzte Bereiche auf, die durch Auf- und Abfahrten verbunden sind. Da lässt sich so mancher coole Trick üben. Kleine Eisprinzessinnen können aber auch ganz bodenständig Pirouetten drehen. Für blutige Anfänger ist die Bahn ebenfalls geeignet.

Für alle, die noch nicht so sicher gleiten oder einfach ihre Technik verbessern wollen, bietet das Eishallenteam zahlreiche Kurse an. Teilnehmen können schon Bambinis ab 4 Jahren.

Außerdem ist in der Eishalle immer etwas los: Mottopartys, Eisdisco und eine große Abtaufete zum Saisonende lassen der Lange-

Tanzen auf dem Eis

weile keine Chance. Allein dreimal pro Woche legt hier ein DJ auf. Bevor die Eishalle zum Sommer schließt, sind alle Kinder ab 4 Jahren einen Tag lang zu großen Abenteuerspielen auf dem Eis eingeladen. Dabei messen sich die Mannschaften in verschiedenen Disziplinen und die Technikcrew gibt nochmal alles: Sie verwandelt die Halle mal in ein Dorf im Wilden Westen, mal in eine Pirateninsel oder eine mittelalterliche Stadt.

Wenn das Eis abgetaut ist, haben die Skater freie Bahn. In der Sommersaison gehört die Halle ihnen. Dazu finden in der eisfreien Zeit regelmäßig Veranstaltungen wie ein Kreativmarkt oder Konzerte statt.

Mahlzeit!

Gerri's Lounge

Frühstück, Snacks und kleine Mahlzeiten im Eingangsbereich des Solebads Wischlingen

Adresse wie Eishalle im Revierpark
Tel. (02 31) 91 70 71-84
www.wischlingen.de
Mo.–Do. 10–22, Fr. 8–23, Sa. 9–23, So. 9–22 Uhr, **€**

Extratipp!

Revierpark Wischlingen

Wie alle Revierparks (es gibt insgesamt sechs im Ruhrgebiet) bietet der Revierpark Wischlingen alles für den „Urlaub vor der Haustür". Im weitläufigen Park laden Freiflächen zum Relaxen ein, Klettergerüste, Spielflächen und ein Wasserspielplatz bieten den Kleinen Platz zum Toben. Außerdem gibt es einen Klettergarten, einen Bootsverleih am See, eine Discgolfanlage (Discgolf ist eine Mischung aus Frisbee und Golf), einen Minigolfplatz und natürlich ein Solebad mit Saunalandschaft und Freibad.

Adresse wie Eishalle im Revierpark
Öffnungszeiten und Preise variieren für einzelne Angebote

DRINNEN

#13

ab 6 Jahre

Hoesch-Museum
Eberhardstraße 12
44145 Dortmund
Tel. (02 31) 8 44 58 56
www.hoeschmuseum.dortmund.de

Di./Mi. 13–17, Do. 9–17, So. 10–17 Uhr, Mo./Fr./Sa. und Feiertage geschl., Erw. 1,50 €/Kind 0,75 €

PKW: A 2, AS Dortmund-Nordost auf B 236 Richtung Schwerte/Dortmund/Flughafen, AS Dortmund-Brakel, auf Brakeler Straße Richtung Borsigplatz, rechts in Lünener Straße, links in Robertstraße, rechts in Oesterholzstraße bis zum Werkstor der ThyssenKrupp Steel AG, Besucherparkplätze

(GPS 51.529415, 7.482311)

ÖPNV: Ab Dortmund Hbf. mit U-Bahn U 44 bis Westfalenhütte

Dortmund

Hoesch-Museum

Kohle und Stahl – das war mal das Herz des Ruhrgebiets. Heute gehören die stillgelegten Zechen und Stahlwerke zur einzigartigen Industriekultur der Region. In den alten Werkshallen und Gebäuden finden sich oft Museen und Ausstellungen, so auch auf dem Gelände der Westfalenhütte. In der 1914 gebauten Hauptverwaltung des damaligen Hoesch-Konzerns können Besucher heute die Geschichte des Unternehmens und der Stahlerzeugung im Ruhrgebiet verfolgen. 2001 wurde der Hochofen stillgelegt, einige Jahre später gründeten einige „Hoeschianer“ mit Unterstützung des Museums für Kunst und Kulturgeschichte das Hoesch-Museum. Die kleine Ausstellung zeigt Modelle, Exponate und Filme und schlägt dabei den Bogen von den Anfängen der Eisen- und Stahlindustrie Mitte des 19. Jahrhunderts bis zum Strukturwandel der Gegenwart.

Im Portierhaus hängt noch die Tafel mit den Marken der Stahlarbeiter. Die Anwesenheit der Arbeiter wurde kontrolliert, indem jeder bei seiner Ankunft eine Marke aufhängte. Auch das Büro der Werkspolizei samt Arrestzelle ist noch zu sehen.

Dazu hat das Hoesch-Museum etwas ganz Besonderes zu bieten: ein 3-D-Stahlwerk. Besucher werden hier mithilfe eines Helms und integrierter 3-D-Brille zum Stahlwerker. Ein interaktiver Film „beamt“ sie mitten in die Produktion in einem Stahlwerk, passende Geräuschkulisse inklusive. Per Joystick kann man als

Am Hochofen

Besucher sogar den Förderkran steuern.

Für Familien gibt es spezielle Führungen, bei denen sie zum Mitmachen animiert werden. Gemeinsam „zerreißen" die Familien Stahl, nehmen Proben aus dem virtuellen Hochofen oder schauen durch das Forschungsmikroskop. Die Familienführung, die jeweils am Sonntag stattfindet, ist interaktiv und für Kinder ab 6 Jahren geeignet. Darüber hinaus gibt es zahlreiche Workshops und Themenführungen für Schüler.

Mahlzeit!

Jankas Lokal

Kneipenrestaurant mit wöchentlich wechselnden Gerichten, zum Teil aus selbst gezogenem Gemüse

Braunschweiger Straße 22, 44145 Dortmund
Tel. (02 31) 8 40 46 06
www.jankas-lokal.de
Di.–Sa. 18–23 Uhr, So./Mo. geschl., €€

Lebensretter

DRINNEN

#14

ab 3 Jahre

Kindermuseum mondo mio!
im Westfalenpark Dortmund
Florianstraße 2
44139 Dortmund
Tel. (02 31) 5 02 61 27
www.mondomio.de

Di.–Fr. 13.30–17, Sa./So./Feiertage 11–18, 31.12.–16.02. geschl., in den NRW-Ferien Mo.–Fr. 13.30–18, Sa./So. 11–18 Uhr, Ausstellung frei, Parkeintritt 3 € (Sommer), 1,50 € (Winter)

PKW: A 40/A 44/B 1, AS B 54 Richtung Hagen, AS Stadtkrone, Kreisverkehr 1. rechts bis zur Ampel, links in An der Buschmühle, Parkplatz am Park F1/F2

(GPS 51.497866, 7.477085)

ÖPNV: Ab Dortmund Hbf. mit U-Bahn U 45 oder U 49 bis Westfalenpark, Fußweg durch den Park ca. 2 Minuten

Dortmund

Kindermuseum mondo mio!

Wie leben Kinder in anderen Ländern? Wie ist es, wenn das Wasser nicht aus dem Hahn kommt, sondern aus dem Brunnen geholt werden muss? Und was, wenn es keinen Strom gibt? Das Kindermuseum mondo mio! im Westfalenpark Dortmund öffnet Kindern die Augen für die Welt. Die Ausstellungen zeigen, wie Kinder in anderen Ländern leben, wie ihr Alltag aussieht und wie sie spielen. Dabei setzt das Museum nicht auf lange Erklärungen, sondern aufs Ausprobieren. Kinder ab 3 Jahren erleben an den Spiel- und Mitmachstationen, wie ihre Altersgenossen anderswo in der Welt aufwachsen.

Die zwei Dauerausstellungen sind für unterschiedliche Altersgruppen gedacht: „Weltenkinder" richtet sich an die 3- bis 6-Jährigen. Im Mittelpunkt steht die Frage „Was brauche ich, um mich überall auf der Welt zu Hause zu fühlen?" Antworten finden die kleinen Besucher u. a. im begehbaren Briefumschlag, im Kuschelraum oder im Himmelszimmer. Hier erfahren sie, was alle

Spielerisch die Welt entdecken.

Menschen auf der Welt verbindet, zum Beispiel der Wunsch zu feiern! Die Kinder haben die Möglichkeit, ein Fest vorzubereiten und bei der Zubereitung des Festessens die unterschiedlichsten Zutaten aus aller Herren Länder kennen zu lernen.

Im Themenbereich „Kinderwelten" entdecken 6- bis 12-Jährige die Erde und ihre Völker.

Grundlage für diesen Teil der Ausstellung bildete die Schau „basic needs" des indischen Künstlers Rajev Sethi, die bei der Weltausstellung EXPO im Jahr 2000 in Hannover zu sehen war. Danach wurde sie für den Standort in Dortmund umgestaltet. An rund 30 Stationen wird gespielt, gestaltet, entdeckt und experimentiert. Dabei lernen die Besucher vieles, zum Beispiel über rituelle Beer-

mondo mio!

Mahlzeit!

Florian & Turmterrassen

Kaffee, Torte und Menüs in 137 Metern Höhe im Fernsehturm-Drehrestaurant

Florian, Fernsehturm Dortmund, Adresse wie Kindermuseum
Tel. (02 31) 5 86 80 12 00
www.mein-florian.de
Mi.–Sa. 12–22, So./Feiertage 10–22 Uhr, Mo./Di. geschl., €€

Dortmund
Kindermuseum mondo mio!

digungsszenen in Mexiko oder Madagaskar oder über die Auswirkungen der Elektrizität auf das Leben in einem tibetanischen Bergdorf.

Dazu zeigt das Haus wechselnde Ausstellungen, bei denen sich ebenfalls alles um fremde oder bekannte Kulturen und um Lebenswelten von Kindern auf der ganzen Erde dreht.

Das mondo mio! Kindermuseum liegt besonders schön, nämlich in einem der größten innerstädtischen Parks in Europa. Der Westfalenpark in Dortmund war bereits einige Male Standort für eine Bundesgartenschau. Entsprechend viele Grünflächen gibt es hier – und oft ist Betreten erlaubt. Im Laufe der Zeit wurden viele verschiedene Gärten angelegt, in denen die unterschiedlichsten Pflanzen blühen. Es gibt zum Beispiel ein so genanntes Rosarium, eine riesige Sammlung von rund 2500 Rosenarten, oder auch eine ganze Heidelandschaft.

Extratipp!

Spielplätze im Westfalenpark

An der frischen Luft macht das Toben immer noch am meisten Spaß. Deshalb: Ab auf die Spielplätze im Westfalenpark! Der Robinson-Spielplatz wartet geradezu auf kleine Piraten und Eroberer, die hier auf dem Tonnenteich schippern, sich wie Tarzan durch die Luft schwingen oder das Piratenschiff entern können. Der Langnesespielplatz ist für kleinere Kinder bis 6 Jahre gedacht. Hier darf nach Herzenslust gematscht werden. Tretautos und Dreiräder stehen auch bereit. Beide Spielplätze werden durch einen 1,8 Kilometer langen Erlebnispfad verbunden. Klang- und Fühlwände, Windspiele, ein Spiegelkabinett oder auch eine Holz- und Tonbaustelle laden zum Entdecken ein.

Westfalenpark Dortmund, An der Buschmühle 3, 44139 Dortmund, Tel. (02 31) 5 02 61 00, **www.westfalenpark.dortmund.de**, Eingang Ruhrallee tägl. 10–18, Eingang Florianstraße tägl. 9–23, Eingang Blütengärten tägl. 9–21, Eingang Baurat-Marx-Allee tägl. 9–21, Eingang Buschmühle tägl. 9–21, Eingang Hörde tägl. 9–20 Uhr, Tageskarte 3 €/ Kind unter 6 Jahren frei

Die Zukunftsmaschine

DRINNEN

#15

ab 0 Jahre

Konzerthaus Dortmund
Brückstraße 21
44135 Dortmund
Tel. (02 31) 5 02 72 22
www.theaterdo.de

Konzerte lt. Programm, Babykonzerte: Erw. 5 €/Kind frei, Sitzkissenkonzerte: 5 € p. P., Familienkonzerte: 7 € p. P.

PKW: A 44, AS Dortmund Stadtmitte, Richtung Innenstadt, Beschilderung „Stadttheater/Konzerthaus" folgen, Parkhäuser in der Nähe des Konzerthauses

(GPS 51.516084, 7.466099)

ÖPNV: Ab Dortmund Hbf. mit U-Bahn U 41, U 45, U 47 oder U 49 bis Kampstraße, ca. 10 Minuten Fußweg über Hansastraße, rechts auf Brückstraße

Dortmund

Kinderoper im Theater und Konzerthaus

Das Konzerthaus Dortmund ist Anlaufstelle für alle Kinder und Jugendlichen, die Musik im klassischen Sinn erfahren wollen. Alle Altersgruppen finden hier auf sie zugeschnittene Angebote. In Dortmund werden schon die Kleinsten zu Konzertbesuchern.

Drei bis vier Babykonzerte stehen pro Spielzeit auf dem Programm. Die Musiker sitzen dabei inmitten von Krabbelmatten und spielen klassische Musik, während Babys zwischen 0 und 2 Jahren um sie herumkrabbeln. 30 Minuten lauschen sie den Klängen der Harfen, Geigen und Flöten.

In jeder Spielzeit gibt es darüber hinaus mehrere Familienkonzerte. Jeweils sonntags können Eltern mit Kindern ab 6 Jahren rund eine Stunde lang Musik genießen. Auf dem Programm stehen kurze Opern, kurze Musikgeschichten oder vertonte Märchen mit Puppenspielbegleitung. Klassiker wie der „Karneval der Tiere" oder „Peter und der Wolf" werden hier ebenso gespielt wie moderne Geschichten von Mäusen und dem Mond.

Für Kinder zwischen 3 und 6 Jahren werden besondere Sitzkissenkonzerte angeboten. Im Opernfoyer hocken die jungen Gäste auf dem Boden, um den Musikern möglichst nahe zu sein und selbst mitmachen zu können. In den Konzerten geht es zu wie in einem

Carmen

Versuchslabor: Aus Experimenten mit unterschiedlichen Objekten, Instrumenten und Aktionen wird unter Anleitung der Profis Musik. Jedes Konzert steht unter einem anderen Motto: Mal werden unterschiedliche Blasinstrumente ausprobiert, mal werden den Trommeln verschiedene Rhythmen entlockt.

Für ältere Kinder ab 10 Jahren gibt es bereits Abendkonzerte. Diese laufen unter dem Motto „Konzerte für junge Leute" und beginnen um 19 Uhr. Die Philharmoniker widmen sich dann zum Beispiel der Filmmusik oder kombinieren Klassik mit Techno.

Das Konzerthaus Dortmund hat sogar eine eigene Kinderoper. In einem eigens eingerichteten Theatersaal mit rund 100 Plätzen unweit des Opernhauses werden ausschließlich Inszenierungen für junges Publikum gezeigt.

DRINNEN

#16

ab 8 Jahre

KinderUni der Technischen Universität Dortmund
Kontakt über: Referat Hochschulmarketing, Tel. (02 31) 7 55 48 25
www.tu-dortmund.de/uni/Uni/Kinderuni/,

Termine lt. Programm, Eintritt frei

Anfahrt TU Dortmund, Hörsaalzentrum Emil-Figge-Staße 50, 44227 Dortmund
PKW: A 40, AS Dortmund-Dorstfeld Richtung Hauert, links in Hauert, links in Emil-Figge-Straße, bis Parkhaus Kreuzung Vogelpothsweg

(GPS 51.502677, 7.419676)

ÖPNV: Ab Dortmund Hbf. mit S-Bahn S 1 Richtung Solingen bis Dortmund Universität, Fußweg ca. 7 Minuten Richtung Campus Nord

Experimentierfreudig

Dortmund

KinderUni

Was macht eigentlich ein Astronaut? Wo wird Spielzeug produziert? Und was kann man mit bewegter Luft alles anfangen? Wissenschaftler der Technischen Universität Dortmund haben Antworten auf all diese Fragen. Nicht nur komplizierte, sondern auch einfache, für Kinder aufbereitete Antworten. Seit mehr als zehn Jahren schon verlassen die Professoren ihre regulären Vorlesungen und Seminare, um Kinder für die Wissenschaft zu begeistern. KinderUni heißt das Programm, das in jedem Semester hochwissenschaftliche Themen kindgerecht verpackt an die Uni, in die Kirche und in die Dortmunder Vororte bringt. Hauptveranstaltungsort ist aber die TU Dortmund. Im dortigen Hörsaal können die jungen „Studenten“ dann auch gleich Uniluft schnuppern.

Konzipiert ist die KinderUni für 8- bis 12-Jährige. Die Vorträge dauern nicht länger als eine Stunde und sind alles andere als trocken oder langweilig. Experimente, Bilder und Objekte zum Anfassen machen Wissenschaft für die jungen Zuhörer erfahrbar. Die Termine liegen immer am späten Nachmittag – so können sich die Kids vielleicht sogar noch Anregungen oder einen Wissensvorsprung für die Hausaufgaben holen.

Für manche Veranstaltungen muss man sich anmelden. Es ist also ratsam, vorher einen Blick ins Programm bzw. ins Internet zu werfen.

Ganz in der Nähe des Dortmunder Campus liegt übrigens die Deut-

Die Forscher von morgen sind begeistert.

sche Arbeitsschutzausstellung DASA (siehe S. 28). Ein Besuch dort ließe sich gut mit der KinderUni verbinden.

Auch an anderen Standorten in der Metropole Ruhr gibt es KinderUnis. Allerdings richten sich manche in erster Linie an Schulklassen – so zum Beispiel die KinderUni des Zusammenschlusses der Bochumer Hochschulen UniverCity. Auch Städte ohne eigene Hochschule bieten eigene Veranstaltungen für Kinder, zum Beispiel die KinderUni in Unna. An der Universität Duisburg-Essen heißt das Programm UniKids, an der Fachhochschule Südwestfalen in Hagen ebenfalls Kinder-Uni. Ein Blick ins Angebot der einzelnen Hochschulen lohnt sich also.

Mahlzeit!

Gaststätte Helenenberg

Urige Gaststätte mitten im Naturschutzgebiet mit angrenzender Kleingartenanlage

Krückenweg 30 a (Zufahrt über Helenenbergweg), 44227 Dortmund, Tel. (02 31) 71 44 41
www.gaststaette-helenenberg.de
Mi./Do. 14.30–Ende offen (Küche ab 18 Uhr), Fr. 11–14 u. 18–Ende offen, Sa./So./Feiertage 12–Ende offen (Küche 12–13.30 und 18 Uhr–Ende offen), Mo./Di. geschl., €

DRINNEN

#17

ab 4 Jahre

Explorado Kindermuseum
Philosophenweg 23–25
47051 Duisburg
Tel. (02 03) 29 82 33 40
www.explorado-duisburg.de

Di.–Fr. 9–18, Sa./So./Feiertage/NRW-Ferien 10–19 Uhr, Mo. geschl., Erw./Kind ab 4 Jahre Tagesticket 16,50 €, Familie (3 Personen) 39,50 €, ermäßigte Online-Preise

PKW: A 59, AS Duissern, Richtung Innenhafen, auf Kardinal-Galen-Straße, rechts in Philosophenweg, Parkbuchten an der Straße

(GPS 51.440266, 6.770625)

ÖPNV: Ab Duisburg Hbf. mit Bus 934 in Richtung Kaßlerfeld/Am Unkelstein bis Hansegracht, zu Fuß in Richtung Hafenforum

Duisburg

Explorado Kindermuseum

Ausprobieren, Anfassen und Mitmachen erwünscht! Im Explorado Kindermuseum gibt es keine Verbote für neugierige Kinder. Auf 3000 Quadratmetern können die kleinen Besucher im Duisburger Innenhafen nach Herzenslust klettern, experimentieren, forschen, bauen, sich verkleiden und bewegen. Das noch recht junge Kindermuseum ist übrigens das größte seiner Art in Deutschland.

Herzstück ist die Mitmachausstellung, die sich über drei Etagen im alten Getreidespeicher erstreckt. Konzipiert ist die Schau für Kinder zwischen 4 und 12 Jahren. Es gibt aber einen speziellen Kleinkinderbereich, zum Beispiel für kleinere Geschwisterkinder. Jede Etage hat ihr eigenes Thema und damit verbundene Entdeckerstationen. Im Erdgeschoss dreht sich alles um die Bewegung. Da können die Kids auf der Rennbahn Schnelligkeit und Reaktionszeit messen lassen oder ihre Geschicklichkeit im Glöckchenparcours beweisen. In der ersten Etage werden die kleinen Besucher dann im Themenbereich Forschung zu Ausgrabungsleitern oder sie untersuchen, wie ein Maulwurfshügel von innen aussieht. In der dritten Etage wartet die Welt der Kommunikation und Medien. Hier steht eine Bluebox aus den Fernsehstudios zum Ausprobieren oder auch ein Satellit zum Telefonieren.

Wer alles erkunden möchte, sollte schon einen ganzen Tag einplanen. Für die kleinen Pausen zwischendurch gibt es Ruhezonen und einen Picknickbereich sowie ein Bistro.

Ohne Kraft und Ausdauer geht es nicht.

Ergänzt wird das Museum durch Wechselausstellungen und unterschiedliche Workshops. In der Mitmachküche werden zum Beispiel kleine Köche ausgebildet, im Raketenworkshop machen die Kinder der NASA Konkurrenz und im Labor experimentieren sie mit den Elementen. Dazu gibt es regelmäßig Familienangebote. Insgesamt ist das Explorado auch für die Erwachsenen ein Abenteuer. Für sie gibt es sogar eine eigene Erlebnisrallye – am Abend, ganz ohne Kinder.

Sollte nach dem Besuch im Kindermuseum noch Zeit bleiben, lohnt sich ein Bummel durch den Duisburger Innenhafen. Als einer von 25 Ankerpunkten auf der Route der Industriekultur bietet der aufgepeppte Hafen restaurierte historische Gebäude, trendige Restaurants, Museen und eine Marina mit Liegeplätzen, Yachtservice und Sportbootvermietung. Abends ist der Hafen immer sehr schön illuminiert.

Mahlzeit!

Mississippi

Kindertaugliche Systemgastronomie am Wasser

Schifferstraße 190, 47059 Duisburg,
Tel. (02 03) 3 48 63 20
www.mississippi-innenhafen.de
So.–Do. 11–0, Fr./Sa. 11–1 Uhr, **€**
Auf der Promenade gibt es zahlreiche weitere Restaurants, Bistros und Cafés, alle unter
www.innenhafen-portal.de/gastronomie/
€–€€€

DRINNEN

#18

ab 3 Jahre

Pippolino Kinderpark
Masurenallee 21–23
47055 Duisburg
Tel. (02 03) 72 68 72
www.pippolino.de

Mo.–Fr. 14–19, Sa./So./Feiertage u. NRW-Ferien 10–19 Uhr, Erw. 4 €/ Kind 7 €

PKW: A 3 Richtung Köln, AS Duisburg-Wedau, rechts in Bissingheimer Straße, links in Koloniestraße, links in Kruppstraße, links in Masurenallee, kostenlose Parkplätze an der Halle

(GPS 51.411096, 6.793964)

ÖPNV: Ab Duisburg Hbf. mit Bus 939 Richtung Klinikum Duisburg bis Sportpark Duisburg, ca. 5 Minuten Fußweg entlang Kruppstraße, links auf Masurenallee

Duisburg

Indoorpark Pippolino

Draußen regnet es schon den ganzen Tag und drinnen ist es langweilig? Wer einen Ort zum Toben, Laufen, Springen und Klettern sucht, wird in Duisburg-Wedau fündig. Hier warten 6000 Quadratmeter voller Spielmöglichkeiten auf Kinder, die nicht stillsitzen mögen. Der Pippolino zählt zu den größten Indoor-Spielplätzen der Region. Die Hallen sind so groß, dass neben Hüpfburgen und Rutschen auch noch ein ganzes Karussell, eine Eisenbahn und ein Autoscooter hineinpassen.

Dabei ist für alle Alters- und Mutklassen etwas dabei: Die Kleinsten ab 1,5 Jahren haben im Kleinkindbereich ihren Spaß. Hüpfburg, Rutsche und Kletterbereich gibt es hier in Miniausgabe, ein Ballpool steht in einem abgetrennten Bereich. Zusammen mit Papa oder Mama können sie mit der Eisenbahn auf große Fahrt gehen. Mit den bereitstehenden Dreirädern lassen sich die Entfernungen zwischen den Attraktionen leicht überwinden.

Größere Kinder haben an den fünf verschiedenen Hüpfburgen bestimmt ihren Spaß. Es gibt zum Beispiel ein ganzes

Piratenschiff, auf dem gehüpft und gerutscht werden kann. Vom Aladin-Karussell, einer Art Flieger-Karussell, können sie sich das Treiben auch von oben anschauen. Ganz Mutige wagen sich am Sicherungsseil durch den Klettergarten oder auf das Bungee-Trampolin. In einer Hallenecke stehen außerdem Spielautomaten, an denen die Kinder Rennen fahren oder als Star-Wars-Piloten durchs Weltall sausen, absolutes Highlight ist ein Flugsimulator.

Wenn Papa und Mama auch mal mitmachen wollen, können Familien im Pippolino gemeinsam spielen, zum Beispiel Fußball auf den Soccer-Courts, an den Airhockey-Tischen oder beim Kickern. Darüber hinaus gibt es drei Kegelbahnen und Billardtische.

Kleiner Tipp: An den Bierzelttischen in der Halle kann man ein Picknick einlegen. Anders als in manch anderen Hallen darf man hier Verpflegung mitbringen. Ausgenommen sind Pizza (weil es eine hauseigene Pizzeria gibt) und natürlich Alkohol.

Mahlzeit!

Pizzeria Pippolino

Pizza und Pasta zum Sattwerden

Adresse und Öffnungszeiten wie Indoorpark, €

DRINNEN

#19

ab 4 Jahre

Revierpark Mattlerbusch Niederrhein-Therme
Wehofer Straße 42
47169 Duisburg
Tel. (02 03) 9 95 84-12
www.niederrhein-therme.de

Sauna und Solebad tägl. 8.30–23, Kindersauna: Sa. 10–15 Uhr, 2-Std.-Ticket Erw. 12 €/Kind (4–14 Jahre) 7 €

PKW: A 3, AS Oberhausen-Holten, Königsstraße, im Kreisverkehr rechts auf die Kurfürstenstraße, im Kreisverkehr rechts auf Siegesstraße, links in Burgstraße, Parkplatz P 3

(GPS 51.522646, 6.779747)

ÖPNV: Ab Duisburg Hbf. mit Straßenbahn 903 Richtung Dinslaken bis Duisburg-Hamborn Rathaus, weiter mit Bus 905 Richtung Duisburg-Walsum bis Duisburg Niederrhein-Therme

Duisburg

Kindersauna in der Niederrhein-Therme

Entspannen und Wellness – das geht auch mit Kindern! Wie wäre es zum Beispiel mal mit einem gemeinsamen Saunatag? In der Niederrhein-Therme im Revierpark Mattlerbusch ist jeden Samstag Familientag mit Saunavergnügen für alle. Zwischen 10 und 15 Uhr ist schweigendes Schwitzen passé, stattdessen ist aus den Saunakabinen munteres Geplapper zu hören. Kinder ab 4 Jahren können hier nach allen Regeln der Kunst schwitzen. Spezielle Kinderaufgüsse gehören ebenso zum Familienprogramm wie kleine Geschichten.

Insgesamt wird in den Niederrhein-Thermen in 16 unterschiedlichen Saunen geschwitzt. Das Angebot reicht von der Felssauna über das Biosaunarium und das

Auf die Plätze, fertig, los!

Irisch-Römische Dampfbad bis hin zur 100 Grad heißen klassischen Sauna. Im Schwimmbad warten eine Babyrutsche, ein Wasserpilz und jede Menge Wasserspielzeug im kleinen Becken auf Mini-Badegäste. Im mehr als 30 Grad warmen Wellenbad kommt richtig Urlaubsstimmung auf. Wer dazu noch die Sonne genießen möchte, schwimmt einfach hinaus. Gleich vor dem Wellenbad locken unter freiem Himmel das große Außenbecken und die angrenzende Liegewiese.

Für die größeren Wasserfans stehen verschiedene sportliche Aktivitäten auf dem Programm, so zum Beispiel Wassergymnastik, Aquapower- und Seniorenkurse. Wer die Welt gerne einmal unter Wasser erleben möchte, kann hier im Wellenbad mit dem hauseigenen Sport- und Tauchcenter abtauchen.

Mahlzeit!

Danny's Gastronomie

In Badehose snacken

Adresse und Öffnungszeiten wie Niederrhein-Therme, Tel. (02 03) 5 00 47 60, €

Kleine Schwitzer

#20

ab 2 Jahre

KOM'MA Theater Duisburg
Schwarzenberger Straße 147
47226 Duisburg
Tel. (02 03) 2 83-8486
www.kommatheater.de

wechselndes Programm, Vorstellungen vorwiegend Fr.–So., Erw. 8 €/Kind 4 €

PKW: A 40, AS Moers-Ost, Richtung Rheinhausen in L 237 (Autobahnzubringer), rechts in Friedrich-Ebert-Straße, rechts in Schwarzenberger Straße, Parkbuchten an der Straße

(GPS 51.405912, 6.708572)

ÖPNV: Ab Duisburg Hbf. mit Bus 921/923/924 bis Friedrich-Ebert-Straße, Fußweg Richtung Sporthalle Krefelder Straße über Friedrich-Ebert-Straße, 1. Straße links in Schwarzenberger Straße

Duisburg

KOM'MA Theater

Theater ist nur etwas für Große? Unsinn! In Duisburg gibt es für kleine Theaterfans sogar ein eigenes Haus. Auf dem Spielplan des KOM'MA Theaters im Stadtteil Rheinhausen stehen unterschiedlichste Stücke, zum Beispiel Spannendes wie „Die Brüder Löwenherz", Inszenierungen zum Mitsingen oder Mitsummen wie „Nellys Lied" oder „Prinzessin Erbse", eine witzige Version des bekannten Andersen-Märchens. Schon für die Kleinsten, also ab 2 Jahren, spielt das Ensemble passende Theaterstücke, bei denen das Publikum oft mitreden, mitsingen oder den Schauspielern helfen darf. Die Kleinsten (oder auch die Mutigsten) dürfen auf Kissen gleich vor der Bühne Platz nehmen, für alle anderen gibt es Klappsitze in höhenversetzten Reihen. So können auch die Gäste in der letzten der zwölf Reihen das Geschehen auf der Bühne gut verfolgen. Insgesamt finden hier rund 120 Zuschauer Platz. Nach dem Theatergenuss können die kleinen Kulturfans noch schnell eine leckere Waffel an der Theaterbar knuspern.

Im Theaterprogramm ist jeweils angegeben, für welches Alter sich das aktuelle Stück eignet. So kommen Kindergartenkinder genauso auf ihre Kosten wie Grundschüler oder Teenager. Ältere Kinder können im hauseigenen Jugendclub auch selbst Bühnenluft schnuppern und ein eigenes Stück erarbeiten.

Bespielt wird das Haus von der freien Theatergruppe KOM'MA Theater. Das Ensemble, das früher als Reibekuchentheater bekannt war, zählt zu den ältesten Kindertheatergruppen in Deutschland.

Extratipp!

„Kaas & Kappes"

Von Duisburg aus ist es nur ein Katzensprung bis in die Niederlande – und dort gibt es auch tolles Kindertheater. Deshalb tauschen sich die Theatermacher beider Länder einmal im Jahr beim niederländisch-deutschen Kinder- und Jugendtheaterfestival „Kaas & Kappes" aus. Gastgeber sind die Stadt Duisburg und das KOM'MA Theater. Zu sehen sind hier aber nicht nur Theater- und Tanzinszenierungen aus Deutschland und den Niederlanden, sondern auch aus Belgien oder der Schweiz. Höhepunkt des Festprogramms ist die Verleihung des mit 7500 Euro dotierten niederländisch-deutschen Autorenpreises für Kinder- und Jugendtheater.

Niederländisch-deutsches Kinder- und Jugendtheaterfestival „Kaas & Kappes", verschiedene Spielorte in Duisburg, Tel. (02 03) 2 83-8485, **www.kaasundkappes.de**, jährlich im Frühjahr

DRINNEN

#21

ab 6 Jahre

Wilhelm Lehmbruck Museum – Zentrum Internationaler Skulptur
Düsseldorfer Straße 51
47049 Duisburg
Tel. (02 03) 2 83-2630
www.lehmbruckmuseum.de

Mo./Di. Besuch nur nach Terminabsprache, Mi./Fr./Sa. 12–18, Do. 12–21, So. 11–18 Uhr, an Feiertagen Sonderöffnungszeiten, Erw. 8 €/Kind bis 14 Jahre frei/Familie 15 €

PKW: A 59, AS Duisburg-Zentrum, links in Mercatorstraße, rechts in Düsseldorfer Straße, Parkbuchten an der Düsseldorfer Straße

(GPS 51.430035, 6.765250)

ÖPNV: Mit Regional- oder S-Bahn bis Duisburg Hbf., ca. 5 Minuten Fußweg Richtung Innenstadt über Friedrich-Wilhelm-Straße und durch den Kant-Park

Duisburg

Lehmbruck Museum

Der Name ist Programm im Duisburger Lehmbruck Museum, das den Namen des 1881 in Duisburg geborenen Bildhauers Wilhelm Lehmbruck trägt. Der Bildhauer gilt als Meister der deutschen expressionistischen Plastik. Rund um die Lehmbruck-Sammlung hat das Museum zahlreiche weitere bedeutende Skulpturen und Plastiken moderner Kunst zusammengetragen. Insgesamt sind es mehr als 700 Werke. Das Musuem hat sich so in ganz Europa einen Namen gemacht.

Weil moderne Kunst für Kinder eher ein sperriges Thema ist, haben sich die Museumsmacher einiges einfallen lassen, um den Nachwuchs zu begeistern. Kinder ab dem Schulalter und auch Teenager sollen hier ein Gespür für Objektkunst entwickeln und dürfen sich auch gern selbst als Künstler versuchen. Der Museumsbesuch beinhaltet nicht nur das Erklären und Anschauen von Kunst. Hier ist Mitmachen, Fühlen, Begreifen und Entdecken gefragt.

Beliebt sind zum Beispiel die offenen Samstage in der Wintersaison, an denen zwei- bis vierstündige Workshops stattfinden. Zwischen Dezember und März können Kinder zwischen 6 und 12 Jahren an jedem Samstag das Museum entdecken und Atelierluft schnuppern. Je nach Thema bauen sie ihr eigenes Museum, schaffen selbst optische Täuschungen oder bringen Kunstwerke

Kunst verstehen …

zu Papier. Die Eltern haben übrigens in der Zwischenzeit frei …

Zum Abschluss dürfen die Gäste im Besucheratelier ihr eigenes Talent ausloten.

Für Kinder ab 14 Jahren gibt es eine fortlaufende Workshopreihe unter dem Titel „Eigenart ich". Wie in einem Jugendclub treffen sich die Jugendlichen regelmäßig, nehmen Kunst aus ihrem Blickwinkel unter die Lupe, lernen Künstler kennen oder machen Ausflüge.

DRINNEN

#22

ab 6 Jahre

Museum der Deutschen Binnenschifffahrt
Apostelstraße 84
47119 Duisburg
Tel. (02 03) 8 08 89-40
www.binnenschifffahrtsmuseum.de

Museum: Di.–So. 10–17, Mo. und an Feiertagen geschl., Museumsschiffe: Di–So 10–17 Uhr, Mo. und an Feiertagen sowie Okt.–Apr. geschl., Museum: Erw. 4,50 €/Kind 2 €/Familie 6 €, Museumsschiffe: Erw. 3 €/Kind 1,50 €/Familie 4 €

PKW: A 40, AS Duisburg-Häfen/-Ruhrort, Ruhrorter Straße bis Kreisverkehr, 2. Ausfahrt auf Eisenbahnstraße, rechts in Friedrich-Ebert-Straße, links in Deichstraße, rechts in Apostelstraße, Parkbuchten an der Straße

(GPS 51.459184, 6.730026)

ÖPNV: Ab Ruhrort Bf. mit Bus 907 bis Museum oder mit Straßenbahn 901 bis Apostelstraße

Duisburg

Museum der Deutschen Binnenschifffahrt

Vor 25 Jahren zogen hier noch Schwimmer ihre Bahnen, heute befindet sich in diesem Jugendstilgebäude das umfassendste Museum für die Technik-, Wirtschafts- und Sozialgeschichte der deutschen Binnenschifffahrt. Stilecht am Ufer des Rheins und in direkter Nachbarschaft zum größten Binnenhafen der Welt gelegen dokumentiert das Museum die Geschichte des Warentransports auf Wasserwegen. Wie schon Menschen in der Steinzeit Flüsse genutzt haben, um Dinge zu transportieren, wird in Duisburg gezeigt und genau erklärt. Die Ausstellung dokumentiert außerdem, wie wichtig die Binnenschifffahrt noch heute ist, wie sich die Technik entwickelt hat und wie der Alltag der Schiffer aussieht.

Die drei Etagen des Museums bieten aber auch Platz genug für echte Schiffe – zum Beispiel für einen originalen Lastensegler aus dem Jahr 1913. Die niederländische Tjalk „Goede Verwachting" empfängt die Besucher gleich in der ehemaligen Herrenschwimmhalle. Voll aufgetakelt scheint das Schiff geradewegs aus der Halle segeln zu wollen. In einer anderen Halle wartet der begehbare Nachbau eines Binnenschiffes. „Hermann" ist ein Eldorado für Kinder, denn fast alles hier kann angefasst und ausprobiert werden. So können sich die kleinen Besucher richtig in den Alltag der Schiffer einfühlen.

Ganz modern wird es im Teu-Container. Das Äußere des begehbaren Würfels erinnert an die Frachtcontainer, die täglich im benachbarten Binnenhafen zu Tausenden umgeschlagen werden. Innen erfahren die Besucher mittels neuester Multimediatechnik alles über die moderne Containerlogistik.

Kinder und Eltern, die mit offenen Augen durch die Ausstellung gehen und später schriftliche Fragen dazu beantworten, können hier das Binnenschifferdiplom machen. Per Urkunde werden die Besucher zu Ehrenbinnenschiffern ernannt. Behilflich sind dabei Jonas und Fips, die Museumsmaskottchen.

Auch außerhalb der Museumsmauern gibt es einiges zu entdecken. Auf der anderen Seite der Ruhrorter Hafenbrücke liegen die Museumsschiffe „Oscar Huber" und „Minden" vor Anker, die ebenfalls noch zur Ausstellung gehören. Der Radschleppdampfer Oscar Huber ist der letzte seiner Art. Der 1922 vom Stapel gelaufene Schlepper zog bis in die 1960er-Jahre antriebslose Schiffe von Ort zu Ort. Die 1882 gebaute „Minden" ist eher ein Gerät als ein Schiff. Der Eimerkettendampfbagger wurde entweder geschleppt oder mit Winden in die richtige Position gezogen. Mithilfe der Eimer baggerte das Schiff dann die Fahrrinne aus.

Ein Blick in die Vergangenheit

Mahlzeit!

Museumsrestaurant Schiffchen

Gehobene Gastronomie am Museum mit Mittagsgerichten vom Wels bis zur Currywurst

Deichstraße 1, 47119 Duisburg
Tel. (02 03) 75 96 91 59
www.schiffchen-duisburg.de
Di.–So. 11–17 Uhr, Mo. geschl.,
€ (Mittagskarte)

Extratipp!

Maritimes Kinderfest

Jedes Jahr im Sommer lädt das Museum der Deutschen Binnenschifffahrt zum maritimen Kinderfest rund um das und im Museum ein. Zwei Tage lang können die Kinder hier toben, spielen, mit Clowns lachen, Modellboote gucken, in Workshops U-Boote suchen, kreativ werden oder andere Abenteuer erleben.

Aktuelle Informationen gibt es auf der Internetseite des Museums:
www.binnenschifffahrtsmuseum.de

DRINNEN

#23

ab 4 Jahre

Kluterthöhle Ennepetal
Gasstraße 10
58256 Ennepetal
Tel. (0 23 33) 9 88 00
www.kluterthoehle.de

tägl. 9.45–17.00 Uhr, Di.–So. Schatzsuche buchbar ab 6 Personen, 8 € p. P.

PKW: A 46 Richtung Wuppertal, am Ausbauende rechts in Schwelmer Straße, weiter auf Hattinger Straße, links in Berliner Straße/B 7, rechts in Voerder Straße, links in Neustraße, Abzweigung rechts in Marktstraße, links in Südstraße, geradeaus in Gasstraße, Parkplatz am Haus Ennepetal/Gasstraße

(GPS 51.298584, 7.353072)

ÖPNV: Mit Regionalexpress RE 4/RE 7/RE 13 bis Ennepetal Bf., ca. 20 Minuten Fußweg, über Friedrichstraße, links in Neustraße, rechts in Marktstraße, links in Südstraße, weiter auf Gasstraße

Ennepetal

Schatzsuche in der Kluterthöhle

Schatzsucher aufgepasst: In Ennepetal, ganz im Westen des Ruhrgebiets, soll es noch ein unentdecktes Vermächtnis geben! Vor langer, langer Zeit hat nämlich König Kluti, der Zweite, sein Erbe in den weitverzweigten Gängen der Kluterthöhle in Ennepetal versteckt. Er wollte nicht, wie sein gütiger Vater es verfügt hatte, die Kostbarkeiten mit den Kindern seines Reiches teilen. In den mehr als 300 Gängen der riesigen Höhle ging der Schatz aber nun verloren.

Mithilfe der versierten Höhlenführer können sich Kinder ab 4 Jahren regelmäßig auf die Suche nach dem sagenumwobenen Schatz machen. Rund eine Stunde dauert die Erlebnisführung mit garantiertem Schatzfund. Dabei erkunden die kleinen Forscher die beleuchteten, aber auch unbeleuchteten Gänge der Naturhöhle. So geht es über Stock und Stein, vorbei an unterirdischen Bachläufen, tief hinein in den Berg. Ein richtiges Abenteuer eben. Spannend ist die mehr als 300 Millionen Jahre alte Höhle aber nicht nur für Mini-Schatzsucher. Auch größere Kinder und Erwachsene kommen in einer der größten zugänglichen Naturhöhlen Deutschlands auf ihre Kosten. Mehr als 5 Kilometer reicht das Höhlensystem in den Berg hinein. Hier war-

Expedition unter die Erde

ten Tropfsteine, unterirdische Seen, dunkle Gänge und interessante Tiere auf kleine und große Entdecker.

Abenteuerlustige Familien können auch mit auf die große Entdeckertour gehen. Ausgestattet mit Helmen und Taschenlampen erkunden die Teilnehmer vor allem die unbeleuchteten Teile der Kluterthöhle. Dabei muss schon mal auf dem Bauch gerobbt oder geklettert werden. Geeignet ist diese Tour für Kinder ab 8 Jahren.

Wer es ruhiger mag, kann sich auch einer „normalen" Führung anschließen. Hier geht es auf bequemen Pfaden ins Berginnere. Im Vordergrund stehen Informationen zur Geschichte der Höhle.

Übrigens: Die Kluterthöhle ist auch für ihre Heilwirkung bekannt. Klima und Luftgemisch in der Höhle wirken sich positiv auf die Atemwege und das Allgemeinbefinden aus. Es gibt sogar Therapieplätze in der Höhle.

Mahlzeit!

Confiserie Kartenberg

Trüffel, edle Schokolade und himmlische Torten aus eigener Herstellung

Kölner Straße 81, 58256 Ennepetal
Tel. (0 23 33) 7 12 67
www.confiserie-kartenberg.de
Di.–Fr. 9–18.30, So./Feiertage 14–18 Uhr, Mo. geschl., €

Extratipp!

Wasserwelt Platsch

Wer sich in der dunklen, feuchten Höhle nach Wärme und Licht sehnt, sollte auf einen Sprung ins „Platsch". Das kleine, aber feine Bad wartet mit einem Sport- und einem 30 Grad warmen Variobecken auf. Sauna und Freibad gibt es auch. Mit dem Auto braucht man von der Kluterthöhle bis zum „Platsch" nur rund fünf Minuten.

Platsch, Mittelstraße 108, 58256 Ennepetal
Tel. (0 23 33) 9 88 00, **www.platsch-en.de**
Di.–Sa. 10–20, So./Feiertage 10–18, Mo. geschl., in den NRW-Ferien Mo.–Sa. 10–20, So. u. Feiertage 10–18 Uhr, 2-Std.-Ticket Erw. 4 €/Kind (3–16 Jahre) 2 €

DRINNEN

#24

ab 6 Jahre

Museum Folkwang
Museumsplatz 1
45128 Essen
Tel. (02 01) 8 84 50 00
www.museum-folkwang.de

Di., Mi. 10–18, Do., Fr. 10–20, Sa., So. 10–18 Uhr, Mo. geschl., Rosenmo./Ostermo./Pfingstmo./Heiligabend/Silvester geschl., Ticket für Sammlung Erw. 5 €/Kind (6–18 Jahre) 3,50 €/Familienticket ab 5,50 €

PKW: A 40, AS Essen-Zentrum bzw. Essen-Holsterhausen, B 224/Alfredstraße Richtung Essen Zentrum/Messe, Tiefgarage am Museum

(GPS 51.442356, 7.004703)

ÖPNV: Ab Essen Hbf. mit Straßenbahn 101/107 oder U-Bahn U 11 Richtung Bredeney/Messe Gruga bis Rüttenscheider Stern, ca. 7 Minuten Fußweg entlang der Alfredstraße/B 224

Essen

F-Boxen im Museum Folkwang

Das Museum Folkwang in der Nähe des großen Grugaparks und der Messe gehört sicherlich zu den bekanntesten Museen des Ruhrgebiets. Immer wieder erregt das Haus mit Ausstellungen bekannter Künstler und Werke Aufsehen. Erst im Kulturhauptstadtjahr 2010 spendierte die bekannte Krupp-Stiftung dem Museum einen mehrere Millionen Euro teuren Neubau. Spätestens seit der Neueröffnung ist das Folkwang Museum mit seiner großen Sammlung deutscher und französischer Malerei und Skulptur aus dem 19. Jahrhundert weltbekannt. In Essen sind u. a. Bilder von Caspar David Friedrich, Pierre-Auguste Renoir, Paul Cézanne, Vincent van Gogh und Paul Gauguin zu Hause. Auch die Wechselausstellungen präsentieren Kunst auf höchstem Niveau.

Dabei setzen die Ausstellungsmacher immer auch auf das junge Publikum. Mit speziellen Angeboten sorgen sie dafür, dass ein Tag im Kunstmuseum zum Familienerlebnis wird. Trockene Kunsttheorie hat da keinen Platz. Der Schlüssel zu einem erlebnisreichen Museumstag ist die F-Box. Das „F“ steht dabei für Farbe, Folkwang und Familie. Die Box ist vollgepackt mit Materialien, Aufgaben und Spielen, die Eltern und Kinder dabei unterstützen, das Haus und seine Schätze zu erkunden. Gemeinsam geht jede Familie auf die Suche nach bestimmten Gemälden, beantwortet Fragen zu Ausstellungsstücken

3-D-Brillen gehören mittlerweile dazu!

oder experimentiert mit unterschiedlichen Wahrnehmungen. Die Box gibt es in zwei Varianten: F-Box 1 beschäftigt sich mit zeitgenössischer Kunst, F-Box 2 mit der klassischen Moderne.

Familien können die F-Boxen jederzeit kostenfrei an der Besucherinformation ausleihen.

Jeden Sonntag um 15 Uhr können sich Kinder außerdem über Kunst unterhalten – und zwar mit Erwachsenen, die sich auskennen. Die Themen wechseln: Mal geht es um bestimmte Werke aus der Ausstellung, mal um einen Künstler, mal um Teile der Sonderausstellungen. Die Kunstgespräche sind im Eintrittspreis enthalten. An Samstagen betätigen sich kleine Museumsgäste selbst kreativ. Beim „Bildschönen Samstag" wird ein Thema vorgegeben und die Kinder malen nach Anleitung. In den NRW-Ferien gibt es weitere Workshops. Zweimal im Jahr lädt das Museum Folkwang zum Familientag, an dem Führungen, Workshops, Performances und viele Mitmachaktionen stattfinden.

Mahlzeit!

Vincent & Paul

Restaurant und Café im Museum mit gehobener Speisekarte

Adresse wie Museum Folkwang, Tel. (02 01) 8 84 58 88, Restaurant: Di.–So. 10.30–16, Mo. geschl., Café: Di.–Do. 10–18, Fr. 10–20, Sa./So. 10–18 Uhr, Mo. geschl., **€€€**

Miamamia

Kinderfreundliches Café/Bistro im Szene-Stadtteil Rüttenscheid mit großem Garten und italienischen Kleinigkeiten – süß und herzhaft

Rüttenscheider Straße 183, 45131 Essen, Tel. (02 01) 8 74 25 62
www.miamamia.de
tägl. 9–22 Uhr, **€**

DRINNEN

#25

ab 6 Jahre

Internationale Spieltage SPIEL in der Messe Essen
Norbertstraße
45131 Essen
Tel. (02 01) 7 24 40
www.messe-essen.de

Veranstalter: Friedhelm Merz Verlag
Bismarckallee 8
53173 Bonn
Tel. (02 28) 34 22 73
www.merz-verlag.com

jährlich im Herbst an 4 Tagen, Do.–Sa. 10–19, So. 10–18 Uhr, Erw. 11,50 €/Kind 6,50 €/ Familie 26 €

PKW: A 52, AS Essen-Rüttenscheid, auf B 224 Alfredstraße Richtung Messe, kostenpflichtige Parkplätze rund um die Halle

(GPS 51.426555, 6.993800)

ÖPNV: Ab Essen Hbf. mit U-Bahn U 11 bis Messe Ost/Gruga

Spielen, spielen, spielen

Essen

Internationale Spieltage SPIEL

Essen ist das Mekka aller Spielefans. Einmal im Jahr kommen Kinder und Erwachsene aus der ganzen Welt ins Ruhrgebiet, um hier gemeinsam die neuesten und besten Spiele auszuprobieren. Ausnahmsweise schieben sich dann nicht Menschen in Businesskleidung auf der Suche nach Geschäftskontakten durch die riesigen Hallen, sondern ganze Familien auf der Suche nach dem ultimativen Spielespaß. Diese Ausstellung ist nämlich die weltweit größte Mitmachmesse für Spiele. Profis reisen mit ganzen Trolleys voller Proviant und Ausrüstung an, denn hier lässt sich leicht ein ganzer Tag verspielen.

Auf 58.000 Quadratmetern in insgesamt vier Hallen zeigen Verlage und Hersteller ihre Produkte. Und nicht nur das: Überall stehen Sitzgruppen, stapelweise Spielekartons und Testmaterial. Große Spielhersteller haben ganze Teams vor Ort, die unermüdlich beim Aufbau helfen, Regeln erklären und mitspielen. Alles kann getestet werden – Brettspiele, Geschicklichkeitsspiele, elektronische Spiele, Kartenspiele und und und. Außerdem mischt sich die ein oder andere überlebensgroße Spiel- oder Actionfigur unter die Besucher. Rollenspieler in fantastischen Kostümen stromern ebenfalls über die Messe und in einer eigenen Halle präsentieren sich internationale Anbieter. Oft gibt es auch Autogrammstunden mit Erfindern und Zeichnern oder Turniere für Fans der aktuell angesagten Spiele.

Ein Spielparadies für Groß und Klein

Vor allem am Wochenende wird es in den Hallen richtig eng. Deshalb ist der Besuch auch eher für Kinder im Schulalter geeignet. Sollten sie im Gewusel verloren gehen, können sie sich selbst orientieren und die Eltern ausrufen lassen. Der Geräuschpegel und das Gedränge sind für sie ebenfalls leichter zu verkraften. Nichtsdestotrotz gibt es bei der SPIEL auch Angebote für kleinere Kinder, Hersteller von Babyspielzeug sind ebenfalls vertreten. Außerdem lockt ein eigener Messebereich mit Bobbycar-Parcours, Hüpfburg, Bewegungsgarten und Rollschuhbahn. Eine weitere Messehalle widmet sich den Comics. Die Messe „Comic Action" ist seit einigen Jahren in die Spielemesse integriert.

Wer für zu Hause noch Beschäftigung sucht, wird in Essen ebenfalls fündig: Viele Neuheiten und Klassiker gibt es hier zum Messepreis.

Übrigens: Im Rahmen der SPIEL wird alljährlich der Deutsche Spielepreis verliehen.

Mahlzeit!

Orangerie im Grugapark

Mediterranes Essen mitten im Grünen

Virchowstraße 167, 45147 Essen, Tel. (02 01) 6 15 37 00
www.orangerie-grugapark.de
im Sommer tägl. 10–24, im Winter tägl. 11–24 Uhr, **€€**

Extratipp!

Grugapark

Wer sich nach langen Stunden in den warmen und belebten Messehallen nach Ruhe und Natur sehnt, sollte einen Abstecher in den angrenzenden Grugapark machen. Der Park bietet Entspannung in unterschiedlichen Themengärten, eine Orangerie, einen Skulpturenpark, Tiere und viel Grün. Die 70 Hektar große Gruga ist eine der größten und schönsten innerstädtischen Parkanlagen Deutschlands.

Grugapark, Haupteingang, Norbertstraße 2, 45131 Essen, Tel. (02 01) 8 88 31 06, **www.grugapark.de**, tägl. 9 Uhr–Einbruch der Dunkelheit, Erw. 4 €/Kind ab 6 Jahre 1,20 €

DRINNEN

#26

ab 5 Jahre

Modellbahnwelt OKtoRail
in der Orangerie im Grugapark Essen
Virchowstraße 137
45147 Essen
Tel. (02 01) 5 07 38 13
www.oktorail.de

tägl. 10–18 Uhr

PKW: A 52, AS Essen-Rüttenscheid, auf B 224 Alfredstraße Richtung Messe, links auf Messeallee, rechts in Norbertstraße

(GPS 51.427347, 6.994284)

ÖPNV: Ab Essen Hbf. mit U-Bahn U 11 bis Messe Ost/Gruga, Eingang Orangerie

Essen

Modellbahnwelt OKtoRail

Ein ganzes Industrie-Areal in der Größe eines Schuhkartons, Hafenkräne so hoch wie ein Wasserglas: In der Gruga-Orangerie in Essen ist eine komplette Welt im Miniaturformat zu bewundern. Durch liebevoll gestaltete Landschaften dampfen rund 100 kleine Züge. Das ist die Modellbahnwelt OKtoRail.

In monatelanger Kleinarbeit haben Modellbauer unterschiedliche Regionen im Liliputformat nachgebaut. Ausgangspunkt der Reise durch verschiedene Landschaften und Zeiten ist das Ruhrgebiet mit seinen Zechen und Stahlwerken in den 1960er-Jahren. Gezeigt wird die Herstellung eines Autos – der gesamte Weg vom Rohstoff bis zum fertigen Endprodukt. Dafür geht die Zugfahrt über Land und durch Großstädte voll quirligen Lebens – bis nach Italien, wo das fertige Auto zum Verkauf steht. Zu sehen gibt es unterwegs zum Beispiel eine Kirmes mit Riesenrad und Zuckerwattebuden oder einen Zirkus.

Da es so viele Details und kleine Szenen zu entdecken gibt, ist der Besuch der OKtoRail mehr als nur eine kurze Stippvisite. Große und kleine Eisenbahnfans können wett-

eifern, wer die meisten sehenswerten Einzelheiten entdeckt.

Schon der Eingangsbereich ist liebevoll im Stil eines Bahnhofs gestaltet – Wartebänke und Ticketschalter inklusive. Von dort steigen die Besucher zunächst in einen realen Eisenbahnwaggon, der sie in einer virtuellen Zeitreise erst ins Jahr 1965 und dann in die Ausstellung bringt.

Einzelne Züge und Szenen können Besucher auf der Gästestrecke selbst steuern. Wer mag, kann sich eine App zur Ausstellung aufs Smartphone schicken lassen, die Erklärungen zu einzelnen Szenen der Modellwelt liefert.

Im oberen Teil der Ausstellung gibt es noch einen separaten Spielbereich für Kinder. Dort dreht auch eine Holzeisenbahn ihre Runden.

Mahlzeit!

Orangerie im Grugapark

Pasta und feine Küche inmitten exotischer Pflanzen

Virchowstraße 167, 45147 Essen,
Tel. (02 01) 6 15 37 00
www.orangerie-grugapark.de
im Sommer tägl. 10–24, im Winter tägl. 11–24 Uhr, **€€**

DRINNEN

#27

ab 3 Jahre

Phänomania Erfahrungsfeld zur Entfaltung der Sinne
Am Handwerkerpark 8–10
45309 Essen
Tel. (02 01) 30 10 30
www.erfahrungsfeld.de/essen

Mo.–Fr. 9–18, Sa./So./Feiertage 10–18 Uhr, Weihnachten und Silvester geschl., Erw. 7 €/Kind (3–5 Jahre) 3 €/Schüler 5 €/Familie (2 Erw. und Kinder) 15 % Ermäßigung

PKW: A 42, AS Gelsenkirchen-Heßler, Richtung Katernberg, Schalkerstraße, Katernberger Straße, Schönnebeckstraße folgen, links in Ückendorfer Straße, Karl-Mayer-Straße, Dornbuschhegge folgen, links in Handwerkerpark, Parkplätze am Gebäude

(GPS 51.489218, 7.064007)

ÖPNV: Ab Essen Hbf. mit Straßenbahn 107 Richtung Katernberg bis Abzweig Katernberg, hier umsteigen in Bus 348 Richtung Gelsenkirchen bis Huestraße, Museum gegenüber Förderturm

Essen

Phänomania Erfahrungsfeld zur Entfaltung der Sinne

Kann man Töne sichtbar machen? Wie entstehen Farben? Und warum verliert man das Gleichgewicht? Auf Schacht 3/7/10 des Welterbes Zollverein in Essen werden die Sinne auf Entdeckungsreise geschickt. Etwas abseits vom weithin bekannten Zollvereingelände mit Schacht XII und der Kokerei (siehe S. 154) wartet das Phänomania Erfahrungsfeld zur Entfaltung der Sinne auf experimentierfreudige Familien. Die Fördermaschinenhalle auf Schacht 3/7/10 beheimatet auf rund 1500 Quadratmetern eine interaktive Ausstellung mit mehr als 80 Stationen. Vor der Kulisse alter Maschinen laden Riechstationen, optische Täuschungen, Balanciergeräte und Experimente rund um unsere sinnliche Wahrnehmung und um physikalische Gesetze zum Mitmachen ein.

Streng genommen handelt es sich hier sogar um zwei Ausstellungen in einer. Phänomaniahäuser, in denen es vorrangig um Physikexperimente geht, gibt es auch an der Nordseeküste in Carolinensiel und auf der Insel Usedom, doch das Erfahrungsfeld zur Entfaltung der Sinne findet man nur einmal, nämlich hier in Essen. Die Mitmachschau zielt darauf ab,

Extratipp!

Förderturm

Bei schönem Wetter lohnt sich ein Abstecher auf den Förderturm. Gefördert wird hier nichts mehr, aber dafür gefordert: Fitness nämlich. 160 Stufen gilt es zu bewältigen, ehe man den Ausblick über die Zeche Zollverein und das zentrale Ruhrgebiet genießen kann. In 35 Metern Höhe gibt es eine Aussichtsplattform. Es ist übrigens eines der letzten begehbaren Fördergerüste der Region.

Adresse und Öffnungszeiten wie Phänomania, bei schlechtem Wetter geschl., Erw. 1 €/Kind 0,50 €, Schlüssel im Café Zollverein

Faszinierend

die sinnliche Wahrnehmung auf die Probe zu stellen. „Erfinder" des Erfahrungsfeldes war der Essener Künstler und Pädagoge Hugo Kükelhaus (1900–1984). Er war der Meinung, dass unsere Sinne durch die moderne Technik mehr und mehr verkümmern. Deshalb entwarf er Spielgeräte, mit denen Kinder ihre Sinne trainieren können. Diese waren sogar 1967 auf der Weltausstellung EXPO zu sehen und stehen jetzt in der Fördermaschinenhalle auf Zollverein. Kinder und Erwachsene können sich auf einem Kettensteig, einer Balancierscheibe oder im Summstein ausprobieren.

Der Großteil der Ausstellung ist im Inneren der Halle zu sehen. Es gibt aber auch ein Außengelände mit Spiel- und Experimentiergeräten.

Mahlzeit!

Zollverein-Café

Kuchen, Brötchen und Eis zwischen alten Maschinen im Foyer der Ausstellung

Adresse und Öffnungszeiten wie Phänomania, €

Fünf-Mädelhaus

Traditionelle Ruhrgebietsküche im historischen Bergmanns-Restaurant

Hugenkamp 35, 45141 Essen
Tel. (02 01) 30 01 21
www.dasfuenfmaedelhaus.de
Mi.–Sa. 17–Ende offen, So./Feiertage 12–14.30 u. 17–Ende offen, Mo./Di. geschl., €

DRINNEN

#28

ab 5 Jahre

Lichtburg Essen
Kettwiger Straße 36
45127 Essen
Tel. (02 01) 23 10 23
www.lichtburg-essen.de

jährl. im September oder Oktober

PKW: A 40, AS Essen-Huttrop, Richtung Zentrum Von-der-Tann-Straße, nächste Kreuzung rechts in Steeler Straße, nach Bahnunterführung weiter geradeaus auf Varnhorststraße, Kreisverkehr geradeaus zur I. Dellbrügge, nach 200 m links, Parken im Aral-Parkhaus Akazienallee

(GPS 51.454173, 7.014571)

ÖPNV: Ab Essen Hbf. mit U-Bahn U 11, U 17, U 18 bis Hirschlandplatz, zu Fuß durch Fußgängerzone (Kettwiger Straße)

Essen

Preisverleihung der Kinderfilmtage Ruhrgebiet

Fast wie in Hollywood geht es in Essen zu. Das Traditionskino Lichtburg ist einmal im Jahr Schauplatz der großen EMMI- und EMO-Verleihung. Die Preise sind quasi die kleinen Geschwister des großen Oscar aus Hollywood. Der EMMI wird von einer Kinderjury an den besten in Deutschland produzierten oder mitproduzierten Kinderfilm des vergangenen Jahres vergeben. Der EMO geht an den besten Kinderschauspieler des letzten Jahres. Verliehen werden die Preise im Rahmen der Kinderfilmtage Ruhrgebiet, die jeden Herbst in Essen, Mülheim und Oberhausen stattfinden. Seit mehr als 30 Jahren richten die drei Städte das Festival in ihren

Und der EMMI geht an …

schönsten Kinos aus. 15 bis 20 Kinohits gehen in den Wettbewerb. Immer sind ganz aktuelle Streifen dabei.

Gezeigt werden die Filme während des einwöchigen Festivals nicht in Multiplexkinos, sondern in besonderen Kinosälen. Am bekanntesten ist wohl die Lichtburg in Essen. Hier finden immer mal wieder große Premieren satt. Über den roten Teppich in der Essener Fußgängerzone schritten zum Beispiel schon James-Bond-Darsteller Pierce Brosnan oder der deutsche Schauspieler Matthias Schweighöfer und Comedian Bully Herbig. Die Lichtburg wurde bereits 1928 eröffnet und ist somit das wohl älteste Kino Deutschlands. Außerdem hat sie den größten Kinosaal der Republik, der mit den roten Samtvorhängen, der großen Bühne und den Kronleuchtern auch noch sehr fürstlich aussieht.

Mahlzeit!

Vapiano

Pasta und Pizza gehen immer – vor allem, wenn man sich alle Zutaten aussuchen kann.

Vapiano, Rathenaustraße 2, 45127 Essen
Tel. (02 01) 2 48 65 67
www.vapiano.com
Mo.–Do. 10–24, Fr.–Sa. 10–1,
So. 10–24 Uhr, €

DRINNEN

#28

Essen
Preisverleihung der Kinderfilmtage Ruhrgebiet

Während der Kinderfilmtage dient die Lichtburg als Kulisse für die große, öffentliche Preisverleihung. Filmexperten und eine Kinderjury haben bis dahin aus dem Wettbewerb die besten Filme und die besten Schauspieler gewählt. Filmemacher, Regisseure und Darsteller nehmen auf der Bühne ihre Trophäen entgegen. Es werden offizielle Reden gehalten– wie bei den Preisverleihungen, die im Fernsehen zu sehen sind. Darüber hinaus gibt es ein buntes Programm für Kinder mit Verlosungen, Spielen und Clowns. Außerdem können Fans mit ein wenig Glück das eine oder andere Autogramm ihres Lieblingsdarstellers ergattern.

Auch das restliche Festival und die anderen beteiligten Kinos sind einen Besuch wert, zum Beispiel die Lichtburg in Oberhausen. Das in den 1930er-Jahren eröffnete Kino ist noch ein klassisches „Lichtspielhaus“. Zwar wurde es in den vergangenen Jahren modernisiert, aber es strahlt dennoch den Charme vergangener Zeiten aus. Hier werden nicht nur aktuelle Blockbuster gezeigt, sondern auch weniger bekannte oder schon ältere Filme. Für Festivals wie die bekannten Oberhausener Kurzfilmtage oder eben die Kinderfilmtage Ruhrgebiet hebt sich in der Lichtburg Oberhausen ebenfalls der Vorhang. Die Vorstellungen des Festivals sind alle öffentlich. Die 11-Uhr-Vorfüh-

Die Lichtburg

rungen sind allerdings meist Kindergärten und Schulen vorbehalten. Nachmittags und am Wochenende sind auch Familien eingeladen.

In Mülheim werden die Festivalfilme im Rio Filmkunsttheater gezeigt. Das Lichtspielhaus mit 80 Plätzen steht ebenfalls in der Tradition alter Kinosäle. Außerhalb der Kinderfilmtage ist das Haus als Programmkino bekannt. Hier kann man also Filme anschauen, die nicht aus den aktuellen Kinocharts stammen.

Insgesamt stehen bei den Kinderfilmtagen im Ruhrgebiet in den drei Städten rund 15 Wettbewerbsfilme auf dem Programm. Vertreten sind sowohl Spiel- als auch Trick- oder Animationsfilme. Das genaue Programm wird meist im Sommer veröffentlicht.

DRINNEN

#29

ab 6 Jahre

Ruhr Museum
Zollverein A 14 (Schacht XII, Kohlenwäsche)
Gelsenkirchener Straße 181
45309 Essen
Tel. (02 01) 24 68 14 44
www.ruhrmuseum.de

tägl. 10–18 Uhr, Heiligabend/1. Weihnachtsfeiertag/Silvester geschl., Erw. 10 €/Kinder bis 14 Jahre frei, Museumstasche 5 €

PKW: A 42, AS Gelsenkirchen-Heßler/Essen-Katernberg, auf Schalker Straße Richtung Katernberg, weiter auf Katernberger Straße, rechts in Schonnebeckhöfe, rechts in Bullmannaue, Parkplätze rund um das Areal

(GPS 51.486297, 7.041871)

ÖPNV: Ab Essen Hbf. mit Straßenbahn 107 bis Zollverein

Essen

Ruhr Museum

Auf der wohl berühmtesten Zeche des Ruhrgebiets gibt es heute Kultur statt Kohle. Deshalb ist wohl auch kein Ort besser für das Museum rund um die bewegte Geschichte der Region geeignet als das Gelände des heutigen UNESCO-Welterbes. In der ehemaligen Kohlenwäsche hat das Ruhr Museum seinen Sitz. 40 Meter hoch überragt das Haus die meisten anderen Gebäude auf dem Gelände und fällt schon deshalb gleich ins Auge. Zum Eingang gelangt man über eine eigens konstruierte freie Rolltreppe, die auch noch kunstvoll illuminiert ist.

Das Museum versteht sich als Gedächtnis des Ruhrgebiets, es ist also ein natur- und kulturhistorisches Haus. Auf vier Ebenen zeigt die Dauerausstellung Interessantes aus allen Epochen. So gibt es einen Bereich mit den Mythen und Geschichten der Region, eine Zusammenstellung archäologischer Funde, Fakten über den wirtschaftlichen Aufstieg der Region oder eine Präsentation zahlreicher geologischer Funde. Außerdem finden immer wieder Sonderausstellungen statt.

Kinder können das Ruhr Museum auf eigene Faust entdecken. Dabei hilft ihnen eine prall gefüllte Museumstasche, die an der Kasse erhältlich ist. Mit der geht es auf die „Rätsel-Reise Ruhr Museum“. Die Tasche enthält die Ausrüstung für eine spannende Tour durch die

Wilde Tiere einmal ganz anders

Dauerausstellung. An 18 Stationen müssen die jungen Besucher mit Lupe, Periskop oder anderen Hilfsmitteln Aufgaben lösen. Am Ende sind sie Experten für die Geschichte des Ruhrgebiets.

Wer noch tiefer in die Geschichte eintauchen will, nimmt an einem der regelmäßig angebotenen Workshops teil. An den Wochenenden erforschen die kleinen Wissenschaftler hier zum Beispiel die Welt der Dinosaurier, brechen zur Tiersafari durchs Museum auf oder untersuchen Funde aus der Steinzeit.

Draußen vor dem Ruhr Museum warten auf dem Areal des Welterbes Zollverein noch weitere spannende Ziele (siehe S. 154).

Mahlzeit!

Café Kohlenwäsche

Über die große, beleuchtete Rolltreppe geht's zu Snacks und Kuchen in der alten Kohlenwäsche

Zeche Zollverein Kohlenwäsche, Ebene 24,
Gelsenkirchener Straße 181, 45309 Essen
Tel. (02 01) 8 68 77 02
www.imhoff-essen.de
tägl. 10–18 Uhr, €

Die Zeche Zollverein

DRINNEN

#30

ab 3 Jahre

Philharmonie Essen
Huyssenallee 53
45128 Essen
Aalto-Theater
Opernplatz 10
45128 Essen
Schauspiel Essen
II. Hagen 2
45127 Essen
Tel. (02 01) 8 12 22-00,
www.theater-essen.de

Termine und Preise lt. Programm

PKW:
Philharmonie Essen: A 40, AS Essen-Zentrum, Richtung B 224, weiter auf B 224 Richtung Innenstadt, links in Huyssenallee, ausgeschilderte Parkhäuser

(GPS 51.446447, 7.010260)

Aalto-Theater: Ab Huyssenallee rechts in Rolandstraße, weiter bis Opernplatz, Parkplätze in Tiefgarage

(GPS 51.446919, 7.012974)

Schauspiel Essen: A 40, AS Essen-Zentrum, Richtung B 224, weiter auf B 224 Richtung Innenstadt, rechts in Schwanenkampstraße, rechts in Lazarettstraße, Kreisverkehr 2. Ausfahrt auf Alfred-Herrhausen-Brücke, weiter auf Am Waldthausenpark, weiter auf III. Hagen, Parkhäuser in der Nähe des Theaters

(GPS 51.443173, 7.005572)

ÖPNV:

Philharmonie Essen: Ab Essen Hbf. mit U-Bahn U 11 oder Straßenbahn 107 bis Philharmonie/Saalbau

Aalto-Theater: Ab Essen Hbf. mit Bus 104, 105, 145, 146 bis Aalto-Theater

Schauspiel Essen: Ab Essen Hbf. mit U-Bahn U 11, U 17 oder U 18 bis Hirschlandplatz (Eintrittskarten gelten als ÖPNV-Ticket!)

Essen

Theater und Philharmonie

Theater und Philharmonie Essen – kurz TUP – bietet allerhand Spannendes für einen Ausflug in die Kultur an. „TUP macht Schule“ heißt das Programm, das Familien, Kinder und Jugendliche in den Mittelpunkt stellt. Unter diesem Label finden in der Philharmonie Essen am Stadtgarten, im Aalto-Theater sowie im Grillo-Theater in der Essener Innenstadt Veranstaltungen für junge Besucher zwischen 3 und 17 Jahren statt. Die TUP hat an allen drei Spielstätten Angebote für jede Altersklasse.

In der Philharmonie gibt es zum Beispiel spezielle Konzerteinführungen für Kinder. Während die Großen schon im Konzert sitzen, werden junge Musikfans ab 10 Jahren von Musikpädagogen auf die Werke der zweiten Konzerthälfte vorbereitet. Nach der Pause genießen dann Groß und Klein gemeinsam die Musik. Pro Spielzeit gibt es mehrere Termine. Dabei schnuppern Kinder in alle Konzertsparten – vom reinen Violinenkonzert bis zum Philharmonischen Orchester – und lernen viele Komponisten kennen, von Mozart bis Richard Strauss.

Die Philharmonie gehört außerdem zu den ersten Häusern der Region, die Krabbelkonzerte für Babys anbieten. Dazu stehen Opern und Ballettvorführungen für Kinder und Familien, Mitmachprogramme und Blicke hinter die Kulissen auf dem Programm.

Auch im Aalto-Musiktheater erleben Kinder Abenteuer – zum Beispiel mit der Hexe Kleinlaut. Kinder ab 3 Jahren werden von der

Kultur unter einem Dach

kleinen Hexe mit eigenen kleinen Opern in die Welt der Musik eingeführt.

Jede Menge los ist auch im Grillo-Theater. Neben vielen unterschiedlichen Stücken, die speziell für Kinder, Jugendliche und Familien inszeniert werden, hält die Theaterpädagogik des Schauspiels Essen ein umfangreiches Angebot für Leute bereit, die selbst Theater machen möchten: In den Projekten des Theaterlabors treffen sich junge und junggebliebene Theaterbegeisterte zwischen 8 und 88 Jahren, um im Team eigene Stücke zu entwickeln und auf die Bühne zu bringen, um sich in Workshops mit Regisseuren, Schauspielern, Dramaturgen und anderen Mitarbeitern des Theaters auszutauschen oder gemeinsam Vorstellungen der Profis zu besuchen.

Mahlzeit!

Seitenblick

Leckere Flammkuchen und frische, saisonale Bioküche ein wenig abseits der betriebsamen Fußgängerzone gleich hinter dem Theater

Trentelgasse 2, 45127 Essen
Tel. (02 01) 8 15 58 49
www.seitenblick-essen.de
tägl. 9–23 Uhr, **€€–€€€**

DRINNEN

#31

ab 6 Jahre

Musiktheater im Revier (MiR)
Kennedyplatz
45881 Gelsenkirchen
Tel. (02 09) 4 09 70
www.musiktheater-im-revier.de

Öffnungzeiten lt. Spielplan, Teilnahme „Eroperung" kostenlos

PKW: A 42, AS Gelsenkirchen-Zentrum, rechts in Grothusstraße Richtung Zentrum, weiter auf Overwegstraße, links in Rolandstraße, kostenpflichtige Parkbuchten und Parkplätze rund um das Musiktheater

(GPS 51.514010, 7.091807)

ÖPNV: Ab Gelsenkirchen Hbf. mit Straßenbahn 107, 301 oder 302 bis Musiktheater, Eintrittskarte gilt als VRR-Ticket!

Gelsenkirchen

„Eroperung" im Musiktheater im Revier

Oper mal ganz anders: Statt im Publikum zu sitzen und dem Geschehen auf der Bühne zu folgen, erleben Familien das Musiktheater im Revier hautnah. „Eroperung" heißt der Workshop, den Kinder zwischen 6 und 9 Jahren zusammen mit ihren Eltern besuchen können. Mehrmals im Jahr bietet das Team des MiR Termine dafür an. Einen ganzen Nachmittag lang dürfen die Kinder gemeinsam und unter Anleitung das Theater unsicher machen. Sie stöbern in Requisiten und Kostümen, lernen die Bühnentechnik kennen und experimentieren mit der Scheinwerferanlage. Vor allem aber ist die eigene Kreativität gefragt. Denn die Workshopteilnehmer sollen nicht nur gucken, sondern selbst etwas machen! Es gilt, eine Märchenszene auf die kleine MiRchenbühne zu bringen.

Dazu spielen sich Eltern und Kinder unter theaterpädagogischer Aufsicht erst einmal warm. Sie probieren unterschiedliche Rollen aus, bringen Geschichten musikalisch zum Klingen und verpassen den Figuren mit Requisiten und Kostümen das richtige Aussehen. Wer nicht auf der Bühne stehen mag, darf auch Aufgaben in der Technik übernehmen. Zusammen mit den Theaterleuten entwickeln die Familien eine richtige Märchenspielszene.

Streetdance

Der Workshop dauert fünf Stunden. Jeweils 12 bis 15 Teilnehmer können hier Musiktheater machen.

Wer sehen möchte, wie die Profis agieren, kann auch eine der Vorstellungen für Kinder besuchen. Das MiR hat Musiktheater für alle Altersklassen auf dem Spielplan – von der klassischen Oper bis hin zum modernen Tanztheater. Etwas ganz Besonderes sind dabei die Vorstellungen im Rahmen des Projekts „Mission: Possible – Musiktheater nach Kinderfantasien". In jeder Spielzeit darf eine Schulklasse eine Geschichte schreiben, die das Theaterteam dann in ein musikalisches Bühnenstück verwandelt, wobei viel experimentiert wird: mit Instrumenten, Klangkörpern und Stimmen. Bei der Umsetzung dürfen die Kinder ebenfalls ihre Ideen mit einbringen. Das Stück steht in der jeweils aktuellen Spielzeit mehrfach auf dem Programm. Geeignet sind die Vorführungen für Kinder ab 5 Jahren.

Mahlzeit!

Asia Star

Mongolisches Grillbuffet und typisch chinesisches Essen

Florastraße 9, 45881 Gelsenkirchen
Tel. (02 09) 3 61 49 68
www.asiastar-ge.de
Mo.–Sa. 11.30–15 u. 17.30–23, So./Feiertage 11.30–23 Uhr, **€–€€**

Extratipp!

Theaterfest

Jeweils zu Beginn der Spielzeit im Sommer feiert das MiR ein großes Theaterfest. Für Kinder gibt es da eine Menge zu erleben: Kostümversteigerung, Führungen, Workshops, Kinderschminken oder Technikshow. Außerdem stellen sich die neuen Ensemblemitglieder vor.

Termin jeweils im Sommer zu Beginn der neuen Spielzeit, Eintritt frei

DRINNEN

#32

ab 6 Jahre

Veltins-Arena auf Schalke,
FC Gelsenkirchen-Schalke 04 e.V.
Ernst-Kuzorra-Weg 1
45891 Gelsenkirchen
Tel. (02 09) 3 61 89 00
www.schalke04.de

Büro: Mo.–Fr. 9–17 Uhr, Führungen: Di.–So., wechselnde Uhrzeiten, Infos auf der Internetseite, Erw. 9 €/Kind und Jugendliche bis 21 Jahre 5 €

PKW: A 2, AS Gelsenkirchen-Buer, Richtung Gelsenkirchen-Zentrum, Kreisverkehr 1. Ausfahrt auf Emil-Zimmermann-Allee, rechts in Adenauerallee, rechts in Parkallee, links in Arenaring, Parkplätze rund um die Arena

(GPS 51.555509, 7.065607)

ÖPNV: Ab Gelsenkirchen Hbf. mit Straßenbahn 302 Richtung Gelsenkirchen-Buer bis Veltins-Arena

Gelsenkirchen

Führung durch die Veltins-Arena auf Schalke

Einmal hinter die Kulissen eines Fußballstadions schauen, einen Bick in die Spielerkabinen werfen, dem „heiligen Rasen“ beim Ausfahren zusehen oder dort gehen, wo sonst die Stollen der Fußballstars über den Boden kratzen. Dies alles erlebt man bei einer der regelmäßig angebotenen Führungen durch die Veltins-Arena auf Schalke. Das Multifunktionsstadion hat Platz für fast 62.000 Zuschauer, bei Konzerten können rund 79.000 Karten verkauft werden. Die Heimstätte des Bundesligisten Schalke 04 ist als UEFA-Stadion in der höchsten Klasse Europas vertreten.

Bei einer Führung durch die einzelnen Bereiche des Stadions bekommen Besucher nicht nur Bereiche zu Gesicht, die ihnen sonst verborgen bleiben. Sie erfahren auch

Blau und Weiß, wie lieb ich Dich

Interessant und aufregend: die „heiligen" Hallen des S04

eine Menge über die ausgeklügelte Technik der Arena mit dem ausfahrbaren Dach und bekommen eine Antwort auf die Frage, warum die Arena die Auszeichnung „Fünf-Sterne-Stadion" von der UEFA tragen darf. Natürlich steht auch die einzige Stadionkapelle Deutschlands auf dem Besuchsprogramm. Die Tour dauert rund 75 Minuten.

Im Anschluss steht den Gästen noch das Schalke-Museum offen. Dafür muss dann kein zusätzlicher Eintritt mehr gezahlt werden. Das Museum präsentiert auf rund 600 Quadratmetern geballte blau-weiße Geschichte. Pokale, Trikots, Fotos sowie Filme dokumentieren die Entwicklung vom Schalker Kreisel bis zum Bundesligaverein. Im Hörraum warten Ernst Kuzorra, Willi Koslowski, Klaus Fischer oder Olaf Thon darauf, ihre persönlichen Geschichten und Anekdoten zu erzählen – wobei die Stimmen natürlich aus der Konserve kommen.

Mahlzeit!

Charlys Schalker

Mittagessen für kleines Geld und dabei den Fußballern beim Training zuschauen

Kurt-Schumacher-Straße 284 a, 45891 Gelsenkirchen, Tel. (0209) 3 61 63 44
www.der-schalker.de
Mo.–Fr. 9–20, Sa./So. 9–18 Uhr, an Spieltagen erweiterte Öffnungszeiten, **€**

DRINNEN

#33

ab 9 Jahre

Schlossmuseum Hohenlimburg
Alter Schlossweg 30
58119 Hagen-Hohenlimburg
Tel. (0 23 34) 27 71
www.schloss-hohenlimburg.de

Mi.–Fr. 14–18, Sa./So./Feiertage 12–18 Uhr, Mo./Di. geschl., Dez.–Jan. geschl., Erw. 4,50 €/Kind ab 5 Jahre 2 €

PKW: A 45, AS Hagen-Süd auf L 693/Volmeabstieg Richtung Hagen-Süd, links weiter auf L 693/Volmeabstieg Richtung Holthausen, rechts auf B 7/Hohenlimburger Straße, rechts in Bahnstraße, rechts in Herrenstraße, links in Neuer Schlossweg, links in Alter Schlossweg, kostenlose Parkplätze an der Burg

(GPS 51.345178, 7.570517)

ÖPNV: Ab Hagen Hbf. mit Regionalbahn RB 91 bis Hagen Hohenlimburg Bf., weiter mit Bus 531 bis Wesselbach, weiter mit Bus 531 bis Alter Schloßweg, ca. 4 Minuten Fußweg entlang dem Alten Schlossweg

Hagen

Schlossmuseum Hohenlimburg

Es war einmal ein Junge, der ungehorsam gegenüber seiner Mutter war und sogar die Hand gegen sie erhob. Zur Strafe hackte der Scharfrichter ihm die Hand ab! Als Abschreckung für alle bösen Kinder ist sie noch heute auf Schloss Hohenlimburg in Hagen zu sehen. Soweit die Sage, die sich um die „Schwarze Hand“ des Schlossmuseums Hohenlimburg rankt. Generationen von Eltern haben die Schauergeschichte ihrem Nachwuchs erzählt und sie zu dem mumifizierten mittelalterlichen Relikt geführt. Aber keine Angst: Im Schlossmuseum hat noch nie jemand ein Körperteil verloren. Mittlerweile weiß man auch, dass die Schwarze Hand in grauer Vorzeit nicht zu einem Kind, sondern zu einem Mann gehört hat. Der wurde vermutlich im 16. Jahrhundert ermordet. Die Hand wurde als Beweis einer ungeklärten Morduntersuchung im Schloss aufbewahrt. Schaurig genug, oder?

Überhaupt gibt es kaum einen anderen Ort in der Metropole Ruhr, wo es sich so schön gruseln lässt. Die Anlage ist sehr gut erhalten, sodass es einen nicht wundern würde, wenn man noch mittelalterliche Ritter und Burgfräulein treffen würde. Als einzige mittelalterliche Höhenburg in Westfalen ist sie nahezu im Originalzustand. Hoch über der Ruhrgebietsstadt thront die Burg mit ihren Wehrgängen, Wachtürmen und dem großen Schlosshof mit Höhengarten. Kanonen

und Schießscharten zeugen von den vielen Kämpfen, die hier ausgefochten wurden. Denn die um 1240 von Graf Dietrich von Isenberg-Limburg erbaute Hohenlimburg hat viele Erb- und Besitzstreitigkeiten erlebt, einmal brannte sie auch bis auf die Grundmauern nieder. Erst im 18. Jahrhundert wurde sie zum Residenzschloss ausgebaut.

Um 1920 schließlich entstand das heutige Schlossmuseum. Besonders prachtvoll ist der Fürstensaal, der dem letzten hier lebenden Fürsten als Speisesaal diente. Die Einrichtung ist der damaligen Mode gemäß natürlich nicht mehr mittelalterlich. Die Biedermeiermöbel haben aber auch schon mehr als 200 Jahre auf dem Buckel.

Am besten lässt sich die fürstliche Residenz in einer Führung erkunden. Besonders schaurig wird es bei der regelmäßig angebotenen Nachtwächterführung. Mit der Laterne in der Hand führt der Wächter die Besucher von den Wehrgängen bis in den Kerker, erkundet die Tiefe des Brunnens – und die Schwarze Hand steht natürlich auch auf dem Programm.

DRINNEN

#34

ab 2 Jahre

HELIOS Theater Hamm
Willy-Brandt-Platz 1 d
59065 Hamm
Tel. (0 23 81) 92 68 37
www.helios-theater.de

Theaterbüro: Mo.–Fr. 9.30–16 Uhr, Aufführungen lt. Spielplan, Erw./Kind 4,50 €

PKW: A 2, AS Hamm auf B 63 Richtung Arnsberg/Werl, B 63 folgen bis City Galerie, rechts in Gustav-Heinemann-Straße, rechts auf Platz der Deutschen Einheit, Parkplatz am Bahnhof

(GPS 51.678637, 7.808982)

ÖPNV: Mit Regionalexpress RE 1/RE 3/RE 6/RE 7 bis Hamm Hbf., zu Fuß Richtung Innenstadt, Theater liegt gleich neben dem Bahnhof

Hamm

HELIOS Theater

Hamm macht Theater. Das einzige professionelle Theaterensemble der Stadt hat sich ganz dem jungen Publikum verschrieben. Das HELIOS Theater wurde für seine Inszenierungen schon mehrfach ausgezeichnet und gehört zu den renommiertesten freien Theatern in Nordrhein-Westfalen. Das Ensemble reist auch zu Festivals im Ausland, sogar bis nach Kanada sind die Hammer Schauspieler schon gekommen.

Bis zu sechs Stücke stehen in jeder Saison auf dem Spielplan. Dabei ist für alle Altersstufen etwas dabei, angefangen vom Theater für die Allerkleinsten ab 2 Jahren über Stücke für Schulkinder bis hin zu Inszenierungen für Teenager. Bei den Kleinen steht noch das Mitmachen im Vordergrund. Sie dürfen bei den Inszenierungen aktiv ins Geschehen eingreifen, Musik machen, Töne produzieren oder auch mal einen Pullover aufribbeln.

Ältere Theaterbesucher haben Spaß an Inszenierungen rund um Freundschaft, Identität oder Wahrnehmung. Bei aller Unterhaltung sollen die Theaterstücke nämlich auch

Musik einmal ganz anders

Stoff zum Nachdenken bieten. Dabei setzt das HELIOS Theater auf das Mitwirken der Kinder: In der Kinder- und Jugendtheaterwerkstatt erarbeiten sie regelmäßig eigene Stücke, die dann auf die Bühne gebracht werden. Zusätzlich gibt es immer wieder einzelne Workshops zu wechselnden Themen.

Untergebracht ist das Theater im ehemaligen Eilpostschuppen gleich neben dem Bahnhof. Besser kann die Verkehrsanbindung also gar nicht sein. Das alte Gebäude wurde zu einem Kulturbahnhof mit Theatersaal, speziellem Kinderfoyer und Seminarraum umgebaut. Rund 200 Zuschauer finden hier Platz.

Mahlzeit!

Cup&Cino

Frühstück, Kaffee, Panini, Pizza, Hamburger und Co.

Platz der Deutschen Einheit 1, 59065 Hamm, Tel. (0 23 81) 4 98 18 69
www.cup-hamm.de
Mo.–Sa. 9–21, So. 9–20 Uhr, €

Extratipp!

Festival „hellwach"

Das HELIOS Theater lädt alle zwei Jahre Kinder- und Jugendtheater aus ganz Europa ein, ihre außergewöhnlichen Inszenierungen in der Region zu präsentieren. „hellwach" heißt das Festival, das eine Woche lang für volle Bühnen in Hamm und den umliegenden Städten sorgt. Auch hier gibt es Angebote für alle Altersklassen zwischen 2 und 15 Jahren.

Das Festival findet meist im Mai oder Juni statt.

DRINNEN

#35

Hamm

Schmetterlingshaus im Maximilianpark

ab 6 Jahre

Schmetterlingshaus im Maximilianpark Hamm
Alter Grenzweg 2
59071 Hamm
Tel. (0 23 81) 98 21 00
www.maximilianpark.de

März–Anfang Okt. tägl. 10–18, Okt. tägl. 11–18 Uhr, Nov.–Febr. geschl., Erw. 3 €/Kind 2 €/Familie 8 € (zzgl. Parkeintritt Erw. 4,50 €/Kind 3 €/Familie 13 €)

PKW: A 2, AS Hamm auf B 36, Richtung Arnsberg/Werl, links B 63 folgen, rechts in Unnaer Straße, weiter auf Reginenstraße, links in An der Lohschule, weiter auf Berkenstraße, links in Gröneberg-straße, links in Soester Straße, rechts in Braamer Straße, links in Lange Reihe, links in Am Maximilianpark, links in Grenzweg, kostenfreie Parkplätze

(GPS 51.684010, 7.884301)

ÖPNV: Ab Hamm Bf. mit Bus 1, 3, 6, 28 oder 33 bis Maximilianpark

Schmetterlinge sind scheue Tiere. Nur mit Glück erhascht man in der freien Natur mal einen genauen Blick auf die bunten Falter. Nicht so im Maximilianpark Hamm. Da flattern den Besuchern gleich fast 80 verschiedene Arten um die Ohren. Denn im Schatten des bekannten Glaselefanten steht das größte tropische Schmetterlingshaus in Nordrhein-Westfalen. Hier tummeln sich Falter aus Süd- und Mittelamerika, Afrika, Thailand, Malaysia und den Philippinen. In der rund 450 Quadratmeter großen Halle fliegen die Tiere frei herum. Einen besonders guten Blick können Besucher an den Futterschalen erhaschen.

Aber das Schmetterlingshaus beherbergt nicht nur Falter. Besucher können hier auch die einzelnen Stadien des Schmetterlingslebens verfolgen – von der Raupe über die Puppe bis zum Falter. Natürlich ist auch ihr natürlicher Lebensraum mit exotischen Pflanzen und entsprechendem Klima nachgestellt.

An jedem Sonntag können Besucher Mitarbeiter des Hauses mit Fragen löchern. Zwischen 14 und 16 Uhr sind die Experten vor Ort. Für Kinder gibt es außerdem einen Forscherbogen, der sie

Extratipp!

Maxilab

In unregelmäßigen Abständen werden Kinder im Maxilab zu Forschern. Unter der Leitung von Oberstufenschülern des nahe gelegenen Gymnasiums lassen es die kleinen Wissenschaftler bei naturwissenschaftlichen Experimenten auch mal krachen. So machen Physik, Mathe oder Chemie richtig Spaß. Der Ausflug ins Labor dauert rund eineinhalb Stunden. Es gibt spezielle Termine für Familien, die jeweils im Veranstaltungskalender des Maximilianparks angekündigt werden.

Maxilab im Maximilianpark Hamm, Adresse wie Schmetterlingshaus, Tel. (0 23 81) 9 82 10-33, **www.maximilianpark.de**, Termine und Preise lt. Ankündigung

mit interessanten Fragen durch die Halle leitet. Der Fragebogen steht im Internet zum Download bereit.

Das Schmetterlingshaus ist nur ein Teil des Maximilianparks Hamm (siehe S. 174), der auch zur Route der Industriekultur gehört. Wahrzeichen ist der riesige Glaselefant. In seinem früheren Leben war der gläserne Dickhäuter die Kohlenwäsche der Zeche Maximilian. Der Architekt und Künstler Horst Rellecke hat den Bau anlässlich der Landesgartenschau 1984 zu einer begehbaren Plastik umfunktioniert.

Mahlzeit!

Werkstatt

Speisen und Getränke in der alten Werkstatt oder bei gutem Wetter auf der Seeterrasse

Adresse wie Schmetterlingshaus,
Tel. (0 23 81) 4 93 98 68
www.maxi-gastro.de
tägl. 13–17 Uhr, €

DRINNEN

#36

ab 6 Jahre

Das Feuerwehrmuseum e. V.
Henrichsallee 2
45527 Hattingen
Tel. (02 34) 2 98 46 85
www.FeuerimRevier.de

Öffnungszeiten nach Vereinbarung, Eintritt und Führung p. P. 6 €, an Öffnungstagen 4 € p. P.

PKW: A 40, AS Bochum-Wattenscheid West, Richtung Bochum-Höntrop/ Hattingen, rechts in Berliner Straße, weiter auf Zeppelindamm, weiter auf Munscheider Damm, Abzweigung rechts in Wuppertaler Straße, links in Cliff, links in Ruhrdeich, rechts in Ruhrallee, 2. Kreisverkehr 1. Ausfahrt auf Werksstraße, rechts in Henrichsallee, kostenlose Parkplätze ca. 100 Meter vom Museum entfernt am LWL-Museum Henrichshütte

(GPS 51.407619, 7.189016)

ÖPNV: Ab Hattingen-Mitte mit Bus CE 31 oder Straßenbahn 37, 335, 358 bis Industriemuseum oder Werksstraße

Hattingen

Feuerwehr-museum

Da fängt bestimmt jeder Feuer: Ein Verein betreibt in Hattingen ein einzigartiges Feuerwehrmuseum. Auf rund 4000 Quadratmetern haben mehr als 50 ausgemusterte Einsatzfahrzeuge in einer alten Industriehalle der Henrichshütte ein neues Zuhause gefunden. Seit rund 30 Jahren sammeln die Museumsmacher die roten Riesen der Feuerwehren, zunächst aus dem Ruhrgebiet, später aus ganz Deutschland. Die Drehleiter- und Einsatzfahrzeuge, Rettungswagen und Tanklöschfahrzeuge sind alle bereits in Rente geschickt worden und man sieht ihnen ihre Geschichte an. Das älteste Fahrzeug – ein schwerer Klöckner-Humboldt-Deutz – stammt übrigens aus dem Jahr 1942. Einige Autos sind zugänglich. Ergänzt wird die Sammlung durch Arbeitsmaterial und Ausrüstung wie Pumpen, Anhänger, Leitern, Schläuche, Armaturen, Hydranten, Feuermelder oder Pulverlöscher. Bilder, Tafeln und Filmclips zeigen Technik und Menschen im Einsatz – früher und heute. So können die Besucher nachfühlen, wie kraftaufreibend das Auskurbeln einer Drehleiter in den 1950er-Jahren war.

Aber das Museum zeigt nicht nur alte Schätze, es dokumentiert ebenso die Geschichte der Feuerwehr im Ruhrgebiet und der Werksfeuerwehren seit 1945. Natürlich kommt auch der Feuerwehrmann nicht zu kurz.

Das Museum befindet sich noch im Aufbau. Unter dem Motto „Lunte" wird zu Saisonbeginn im Frühjahr ein Museumsfest mit Musik und Programm gefeiert. Mehrmals im Jahr gibt es Öffnungstermine für Spontanbesuche oder Aktionen, die auf der Internetseite bekannt gegeben werden. Außerhalb dieser Termine müssen sich Besucher anmelden. Für Gruppen ab zehn Personen öffnet die Ausstellung, eine Führung gibt es dann dazu. Alle Informationen und Termine finden sich auf der Internetseite.

Das Feuerwehrmuseum liegt auf dem Gelände des LWL-Museums Henrichshütte Hattingen (siehe Seite S. 182), ein Besuch dort lässt sich also gut anschließen.

Mahlzeit!

Poseidon

Griechisches Lokal mit günstigem Mittagstisch

Brandtstraße 10, 45525 Hattingen,
Tel. (0 23 24) 2 23 26
www.poseidon-restaurant.com
Mo. u. Mi.–So. 12–15 u. 17–23 Uhr,
Di. geschl., **€€**

DRINNEN

#37

ab 6 Jahre

MS Kartcenter Hattingen
Werksstraße 3–5
45527 Hattingen
Tel. (0 23 24) 5 55 08
www.ms-kartcenter-hattingen.de

Mo.–Fr. 15–23, Sa./Feiertage 11–23, So. 11–22 Uhr, Kindertrainingsläufe: Mo.–Fr. 15–18, Sa./So./Feiertage 11–15 Uhr, Trainingsfahrt Erw. 11 €/Kind 8 €

PKW: A 40, AS Bochum-Wattenscheid West, Richtung Bochum-Höntrop/Hattingen, rechts in Berliner Straße, weiter auf Zeppelindamm, weiter auf Munscheider Damm, Abzweigung rechts in Wuppertaler Straße, links in Cliff, links in Ruhrdeich, rechts in Ruhrallee, 2. Kreisverkehr 1. Ausfahrt auf Werksstraße, kostenfreie Parkplätze in der Halle

(GPS 51.405593, 7.199128)

ÖPNV: Ab Hattingen-Mitte mit Bus CE 31 bis Industriemuseum, ca. 9 Minuten Fußweg über Werksstraße

Hattingen

MS Kartcenter

„Ich geb' Gas, ich will Spaß!" Im beschaulichen Hattingen qualmen die Reifen. Auf der dortigen MS Kartbahn können angehende Rennfahrer schon einmal ein Gefühl für Geschwindigkeit bekommen. Die Strecke ist zwar nicht die längste im Ruhrgebiet (das Highway Kart Racing in Dortmund behauptet von sich, die längste Strecke der Welt zu haben), aber dafür eine der flexibelsten. Der 450 Meter lange Kurs wird alle zwei Monate neu abgesteckt. Mal sind die Kurven enger, mal etwas breiter, mal gibt es längere Vollgasstrecken, mal schnelle Kurvenwechsel. Zusätzlich wird jeden Monat die Fahrtrichtung gewechselt. So gibt es immer neue Herausforderungen für die Kartpiloten.

Auf die Strecke darf, wer ein Trainingsticket erworben und eine Einführung bekommen hat. Das Personal weist die Piloten in die Technik und die Ausrüstung ein. Ein Zeitmesser zeichnet die Daten aller Karts auf und vergleicht sie. Auch für absolute Anfänger ist die Strecke gut zu meistern.

Für den Nachwuchs gibt es spezielle Kindertrainingszeiten. Hier dürfen dann Minis ab 6 Jahren auf die Strecke, unabhängig von der Körpergröße, das Kart wird einfach an die Größe des Fahrers angepasst. Die Trainer kümmern sich in dieser Zeit intensiv um die kleinen Fahrer. Zuerst wird der Umgang mit dem Rennwagen eingeübt, dazu gibt es Unterweisung in Reglement und Fairness. Erst danach dürfen die

Rennspaß für die „Kleinen"

Piloten unter Anleitung des Trainers auf die Rennstrecke. Gefahren wird mit Bambinikarts, die noch nicht ganz so viel Power haben wie die Racekarts für Erwachsene.

Gruppen ab sechs Personen können gleich ein ganzes Rennen buchen. Dann fahren alle Teilnehmer gegeneinander. Urkunden gibt es im Anschluss natürlich auch.

Mahlzeit!

Bistro Pole Position

Essen mit Panoramablick auf die Rennen

Adresse und Öffnungszeiten wie MS Kartcenter, €

Extratipp!

Abstecher ins Museum

Der Ausflug zum Kartcenter lässt sich prima mit einem Besuch im LWL-Industriemuseum Henrichshütte Hattingen (siehe Seite S. 182) verbinden, denn das liegt ebenfalls an der Werksstraße, nur rund zwei Autominuten entfernt. Auch das Feuerwehrmuseum befindet sich in direkter Nähe (siehe S. 84).

Das Feuerwehrmuseum e.V., Henrichsallee 2, 45527 Hattingen, Tel. (02 34) 2 98 46 85, **www.FeuerimRevier.de,** Öffnungszeiten nach Vereinbarung, Eintritt und Führung p. P. 6 €, an Öffnungstagen 4 € p. P./ Familie 10 €

LWL-Industriemuseum Henrichshütte Hattingen, Werksstraße 31–33, 45527 Hattingen, Tel. (0 23 24) 9 24 70, **www.henrichshuette-hattingen.de,** Di.–So. und Feiertage 10–18, Fr. 10–21.30 Uhr, Mo. geschl., Erw. 4 €/Kind (6–17 Jahre) 1,50 €/Familie 9 €, am 1. Freitag in ungeraden Monaten Eintritt frei

DRINNEN

#38

ab 8 Jahre

Stadtmuseum Blankenstein
Marktplatz 1–3
45527 Hattingen
Tel. (0 23 24) 2 04-3521
www.stadtmuseum.hattingen.de

Mi.–Fr. 15–18, Sa./So. 11–18 Uhr, Mo./Di. geschl., Eintritt zur Dauerausstellung frei, Wechselausstellung: Erw. 4 €/Kind bis 16 Jahre frei

PKW: A 43, AS Witten-Herbede, Richtung Blankenstein, Parkplätze außerhalb des historischen Ortskerns, Beschilderung „Stadtmuseum" folgen

(GPS 51.395829, 7.235441)

ÖPNV: Ab Hattingen-Mitte mit Bus CE 31 bis Burg Blankenstein

Hattingen

Stadtmuseum Blankenstein

Geschichte und Kunst unter einem Dach – mit einem Besuch im Stadtmuseum Blankenstein schlagen Familien gleich zwei Fliegen mit einer Klappe. Noch dazu hat sich die Stadt einen der schönsten Plätze für ein Museum ausgesucht, die man im Ruhrgebiet finden kann. Die Dauerausstellung zur Geschichte Hattingens und der Region ist in einem Fachwerkensemble mitten im historischen, autofreien Ortskern untergebracht. Ein Bummel durch die Gassen mit den alten Häuschen lohnt sich immer – besonders in der Vorweihnachtszeit (siehe S. 178)

Der Besuch im Stadtmuseum beginnt quasi mit einem Kopfsprung in die Geschichte: Im Zentrum gibt es nämlich ein begehbares Geschichtsbuch, ein Rondell, das Daten und Fakten im Überblick bietet. Großformatige Themenbücher ergänzen die Einträge. Interessant ist das vor allem für Kinder, die schon lesen können.

Blick vom Turm auf den Stadtkern

Mahlzeit!

Burg Blankenstein

Fürstlich speisen auf einer echten Burg

Burgstraße 16, 45527 Hattingen, Tel. (0 23 24) 3 32 31
www.burgblankenstein.de
Mo.–Fr. ab 18, Sa. ab 14, So. ab 11 Uhr, €€

Daneben zeigt die Sammlung eine ganze Reihe von Ausstellungsstücken, die das Leben in früheren Zeiten dokumentieren. Da gibt es Maße und Gewichte der Händler, alte Werkzeuge der Handwerker und Möbel aus dem 18. und 19. Jahrhundert.

Neben Geschichte vermittelt das Stadtmuseum in Wechselausstellungen auch zeitgenössische Kunst.

Natürlich finden regelmäßig kind- und familiengerechte Führungen statt, zusätzlich bietet das Museum einmal im Monat Kindertheater an. Jeweils dienstags um 15 Uhr hebt sich der Vorhang für kleine Besucher.

Extratipp!

Burg Blankenstein

Ein Besuch auf der Burg lohnt auch ohne Restaurantbesuch. Die mittelalterliche Anlage lässt die Augen kleiner Ritter glänzen. Einige Teile sind noch gut erhalten bzw. restauriert, die anderen bieten als Ruine tolle Entdeckungsmöglichkeiten. Außerdem haben Besucher von der Höhenburg aus einen tollen Blick auf die Altstadt von Hattingen.

Burg Blankenstein, Burgstraße 16, 45527 Hattingen, frei zugänglich

DRINNEN

#39

ab 6 Jahre

Spieliothek Marl im Marler Stern
Bergstraße 228 a
45768 Marl
Tel. (0 23 65) 99 42 04
www.marl.de/spieliothek

Di.–Do. 14.30–18.30 Uhr, Mo./Fr. nur für Gruppen nach Terminabsprache, Sa./So./Feiertage geschl., Eintritt frei

PKW: A 52, AS Marl-Frentrop, auf B 225 Richtung Marl, links in Schachtstraße, rechts in Hervester Straße, links in Bergstraße, kostenlose Parkplätze rund um das Einkaufszentrum

(GPS 51.655148, 7.095719)

ÖPNV: Bus 227, 221 oder 222 bis Marl Mitte oder S-Bahn 25 bis Marl Mitte

Marl

Spieliothek

So muss der Spielehimmel aussehen: Vom Boden bis zur Decke stapeln sich Brettspiele, mehr als 3500 unterschiedliche Kartons gibt es, und alles darf ausprobiert werden. Die Spieliothek des Jugendamtes Marl ist ein echtes Mekka für Spielefans. Klar, jede Bibliothek verleiht heute Brettspiele – aber das Angebot in Marl toppt alles. Klassiker, Neuheiten, Kinder- und Erwachsenenspiele, Glücks- und Strategiespiele, Karten- und Rollenspiele, Party- und Lernspiele – die Auswahl ist einfach überwältigend.

Auch der Ort ist ungewöhnlich: Die Spieliothek hat ein eigenes Ladenlokal im zweigeschossigen Einkaufszentrum Marler Stern. Im ersten Stock des Gebäudes, zwischen Modeboutiquen und Schmuckshops, wird nach Herzenslust gespielt. Zu festen Öff-

Paradies für Spieler

nungszeiten ist hier jeder willkommen, der ein Spiel ausprobieren möchte, Fragen zu Spielanleitungen hat, Tipps für angesagte Spiele haben möchte, Anregungen für eine Party sucht oder auch einfach mal fachsimpeln möchte. Das Team besteht aus echten Spielexperten, die über alle aktuellen Trends Bescheid wissen. Die meisten Spiele können auch ausgeliehen werden. Dazu braucht man einen Leihausweis, den die Mitarbeiter nach Vorlage eines Personalausweises ausstellen. Die Leihfrist beträgt zwei Wochen. Es können ganze Pakete, zum Beispiel für Kindergeburtstage oder Events, ausgeliehen werden.

Regelmäßig veranstaltet das Team Spieleabende. Auch Meisterschaften richtet die Spieliothek aus – u. a. werden hier seit Jahren Vorentscheidungen für die Deutsche Brettspielmeisterschaft ausgetragen.

DRINNEN

#40

ab 8 Jahre

Aquarius Wassermuseum
Burgstraße 70
45476 Mülheim/Ruhr
Tel. (02 08) 4 43 33 90
www.aquarius-wassermuseum.de

Di.–So. 10–18 Uhr, Mo. geschl., Erw. 4 €/ Kind ab 6 Jahre 3 €/Familie 12 €

PKW: A 40, AS Mülheim-Styrum, links in Oberhausener Straße (B 223), Richtung Mülheim/Ruhr, rechts in Hauskampstraße, links in Moritzstraße, links in Burgstraße, Beschilderung „Route Industriekultur" folgen, Parkplätze an der Straße

(GPS 51.442884, 6.856770)

ÖPNV: Ab Mülheim Hbf. S-Bahn S 1 oder S 3 oder Bus 122 bis Mülheim-Styrum Bf., 12 Minuten Fußweg: links in Hauskampstraße, rechts in Limburgstraße, links in Eberhardstraße, Moritzstraße überqueren, durch Schlosspark zum Museum

Mülheim

Aquarius Wassermuseum

Ein Museum rund ums Wasser – das hätte sich der Ruhrbaron August Thyssen vor 100 Jahren nicht träumen lassen. Denn der mehr als 40 Meter hohe Turm, der heute als Aquarius Wassermuseum bekannt ist, hat Ende des 19. Jahrhunderts noch das Thyssen-Walzwerk in Mülheim versorgt. Heute ist der Turm im Stadtteil Styrum nicht mit Wasser, sondern mit Informationen randvoll gefüllt. Der 1982 stillgelegte Wasserturm ist nun ein multimedialer Wissensspeicher.

Auf 14 Ebenen erfahren Besucher alles über das kostbare Nass – und das nicht etwa durch Schaubilder und Exponate in Vitrinen, sondern aktiv an 30 Multimediastationen. Eine Chipkarte öffnet dabei die Tür zum Wissen. Mit ihr aktivieren Wissensdurstige Animationen, Quizsequenzen und Filme. So radeln die Besucher virtuell auf dem Ruhrmobil von der Mündung zur Quelle der Ruhr. Je schneller man in die Pedale tritt, desto schneller laufen die Filmsequenzen. An jedem Stopp werden in Kurzfilmen Highlights entlang des Ruhrtalradwegs präsentiert. Die ersten Erbauer von Kanälen und Wassertürmen stellt die Station Industriegeschichte vor. Spielerisch werden die Besucher dann selbst zum Erschaffer von Fluss- und Wasserbauwerken. Sie können außerdem als Botschafter zur Weltwasserkonferenz reisen und mit Mitspielern die örtlichen Wasserprobleme der Teilnehmerländer zu lösen versuchen.

Die untere Etage im alten Wasserturm widmet sich dem Thema „Virtuelles Wasser“. Hier geht es darum, wie viel Wasser für die Herstellung eines bestimmten Produktes verbraucht wird. Zum Beispiel kostet es 140 Liter Wasser, um die Bohnen für eine einzige Tasse Kaffee zu produzieren. Am Ende der Tour bekommt jeder Besucher seine persönliche Abschlussurkunde.

Betrieben wird das Aquarius Wassermuseum von der RWW Rheinisch-Westfälische Wasserwerksgesellschaft, die den Turm bereits seit 1912 verwaltet. Seit 1999 ist das Aquarius ein Ankerpunkt der Route Industriekultur (siehe Extra S. 214).

Mahlzeit!

Zum alten Bahnhof

Uriges Lokal mit Biergarten im alten Bahnhofsgebäude, typisch Ruhrgebiet

Hauskampstraße 14, 45476 Mülheim/Ruhr, Tel. (02 08) 40 06 71
www.zum-alten-bahnhof-styrum.de
So.–Fr. 11–14.30 u. 17–23, Sa. 11–14 Uhr, €

Extratipp!

Schlosspark Styrum

Bei schönem Wetter lohnt sich ein Spaziergang durch den Schlosspark Styrum. Der Herrensitz sieht heute zwar eher unscheinbar aus, ist aber einer der ältesten an der Ruhr. Und er ist schön gelegen, direkt an der Ruhr. Park und Herrensitz gehören ebenfalls zur Route der Industriekultur.

Schloss Styrum, Moritzstraße 102, 45476 Mülheim/Ruhr, tägl. geöffnet, Eintritt frei

DRINNEN

#41

ab 6 Jahre

Camera Obscura,
Museum zur Vorgeschichte des Films
Am Schloss Broich 42
45479 Mülheim/Ruhr
Tel. (02 08) 3 02 26 05
www.camera-obscura-muelheim.de

Mi.–So. 10–18 Uhr, Mo./Di. geschl., Erw. 4,50 €/Kind ab 7 Jahre 3,50 €/ Familie 11 €

PKW: A 40 oder A 3, AK Kaiserberg, AS Kaiserberg Richtung Mülheim an der Ruhr, weiter auf Carl-Benz-Straße, rechts in Ruhrorter Straße, im Kreisverkehr 2. Ausfahrt auf Weseler Straße, auf B 223 Richtung Broich/Stadthalle, links in Xantener Straße, rechts in Bergstraße/B 223, rechts in Am Schloss Broich, kostenfreie Parkplätze vor dem Museum

(GPS 51.429107, 6.868273)

ÖPNV: Ab Mülheim Hbf. mit Straßenbahn 102 oder 901 bzw. Bus 122/131/132/135/752 bis Schloss Broich, ca. 5 Minuten Fußweg zum Museum, durch Innenhof Schloss Broich

Mülheim

Camera Obscura

Im alten Wasserturm in Mülheim-Broich lernen die Bilder laufen. In dem 38 Meter hohen Gebäude ist nämlich das Museum zur Vorgeschichte des Films untergebracht. Außerdem beherbergt die Kuppel die größte Camera Obscura der Welt. Als Ur-Urgroßvater jeder Fototechnik projiziert eine solche Camera mithilfe eines Spiegels Bilder von außerhalb durch ein kleines Loch in einem dunklen Raum auf eine Wand – ganz vereinfacht gesagt. Die Abbildungen sind dann allerdings seitenverkehrt und stehen auf dem Kopf. Diese Technik war schon in der Antike bekannt.

Die Mülheimer Camera Obscura – auch Lochkamera genannt – ist so groß, dass Besucher sie sogar betreten können. Allein der Spiegel hat einen Durchmesser von 300 Millimeter. Klar, dass hier auch große Bilder zu sehen sind: Das drehbare Objektiv erfasst den gesamten Rundumblick vom Wasserturm und bringt ihn in die Kuppel. Eingefangen wird das Bild von draußen auf einem großen, weißen Tisch im Inneren der Kuppel. Dabei ist jedes kleine Detail zu sehen. So macht Physik richtig Spaß!

Auch auf den beiden unteren Etagen dreht sich alles um die Geheimnisse der Optik und der bewegten Bilder. Mehr als 1200 Objekte der Filmgeschichte hat der Mülheimer Sammler KH. W. Steckelings dem Museum vermacht. Jedes einzelne ist eine kleine, anschauliche Physiklektion. Zu sehen sind u. a. Schat-

tenspiele, Laternae Magicae, Kaleidoskope, Guckkästen und riesige Filmvorführapparate. An vielen Stationen können Neugierige Knöpfe drücken, Kurbeln drehen und durch Gucklöcher schauen. So wird klar, dass sich die Bilder nicht durch Zauberkraft, sondern durch pfiffige Technik und optische Täuschungen bewegen.

Für Kinder gibt es eine Museumsrallye, den Fragebogen dafür erhält man an der Kasse.

Der Wasserturm ist ein Ankerpunkt auf der Route der Industriekultur (siehe Extra S. 214).

Mahlzeit!

Erikas Braterei

Mülheims beliebteste Pommes-Schmiede punktet mit gepflegtem Ambiente

Aktienstraße 30, 45473 Mülheim/Ruhr, Tel. (02 08) 47 23 72, tägl. 17–23 Uhr, €

DRINNEN

#42

Mülheim

Haus Ruhrnatur

ab 5 Jahre

Haus Ruhrnatur – Erlebnis Wasser, Klima und erneuerbare Energien
Alte Schleuse 3
45468 Mülheim/Ruhr
Tel. (02 08) 4 43 33 80
www.haus-ruhrnatur.de

Di.–So. 10–18 Uhr, Mo. geschl., 20. Dez.–1. Jan. geschl., Erw. 3 €/Kind 2 €/ Familie 8 €

PKW: A 40 oder A 3, Kreuz Kaiserberg auf B 223 Richtung Mülheim an der Ruhr, weiter auf Carl-Benz-Straße, rechts in Ruhrorter Straße, im Kreisverkehr 2. Ausfahrt Weseler Straße, auf B 223 Richtung Düsseldorf/Broich, links in Schlossbrücke, links in Auf dem Dudel, bis Alte Schleuse folgen

(GPS 51.423810, 6.875973)

ÖPNV: Ab Mülheim Hbf. mit Straßenbahn 102 und 901 bis Schloss Broich

Früher, als im Ruhrgebiet noch Zechen Kohle förderten und Schlote rauchten, waren Ruhr und Emscher mehr Abwasserkanäle als Flüsse. Heute sieht das anders aus. Wie, das können Besucher des Hauses Ruhrnatur in Mülheim hautnah erleben. In einem ehemaligen Schülerbootshaus auf einer heute richtig idyllisch gelegenen Ruhrinsel hat die RWW Rheinisch-Westfälische Wasserwerksgesellschaft ein Naturerlebnismuseum eingerichtet. Kinder und Jugendliche können hier ihren Forscherdrang ausleben und Kleintiere unter dem Mikroskop beobachten, Strömungsexperimente durchführen oder Miniwasserräder bauen. Das Besondere: Die Dauerausstellung bietet neue Erfahrungen und Einblicke für alle Altersgruppen. Auch Erwachsene kommen im Haus Ruhrnatur auf ihre Kosten.

Herzstück des Naturerlebnismuseums ist die Dauerausstellung mit 32 Stationen. Der erste Teil widmet sich der Ruhr als Lebensraum für Fische, Kleintiere und Wasserpflanzen. Das Ökosystem wird dabei mit allen Sinnen entdeckt: Neben den Mikroskopsta-

Scharfe Zähne

tionen gibt es auch solche, in denen Gerüche erkannt oder Objekte ertastet werden. Außerdem sind die wichtigsten Ruhrfische hier in einem 3 Meter hohen Aquarium zu sehen. Im zweiten Teil der Ausstellung geht es um die Themen Klima und Erneuerbare Energien. Besucher experimentieren mit Windrädern, Wasserturbinen und Sonnenkollektoren und erfahren, was sie im Umgang mit Energie von der Natur lernen können. Der Bereich „Bionik" erklärt, wie sich Natur und Technik ergänzen.

Das Museum sieht seine Hauptaufgabe in der Wissensvermittlung, deshalb gibt es besonders viele Angebote für Kindergärten oder Schulen. Familien können ebenfalls eigene Führungen buchen, bei denen Anfassen und Mitmachen ausdrücklich erlaubt sind. Daneben bietet Haus Ruhrnatur begleitete Ausflüge in die Ruhrauen an.

Das Haus Ruhrnatur ist eine „Schwester" des Aquarius Wassermuseum (siehe S. 92). Wer beides besuchen möchte, kann ein Kombiticket erwerben.

Mahlzeit!

Museumscafé

Kuchen und kleine Gerichte im Ausflugslokal mit Blick auf die Ruhr

Im Haus Ruhrnatur, Alte Schleuse 1–3, 45468 Mülheim/Ruhr, Tel. (02 08) 65 63 88 09
www.cafe-an-der-ruhr.de
Di.–So. 10–18 Uhr, Mo. geschl., €

DRINNEN

#43

ab 3 Jahre

Erlebnisbad AQUApark Oberhausen
Heinz-Schleußer-Straße 1
46047 Oberhausen
Tel. (02 08) 6 25 35 90
www.aquapark-oberhausen.com

tägl. 9–21 Uhr, Heilgabend, 1. Weihnachtsfeiertag u. Silvester geschl., 2-Std.-Ticket Erw. 7,50 €/ Kind (ab 1 m Körpergröße) 4,50 €/2-Std.-Familienkarte (bis 6 Pers.) 16 €

PKW: A 42, AS Neue Mitte (CentrO.) oder A 2/A 516, Richtung CentrO./ AQUApark, Beschilderung folgen, kostenlose Parkplätze in den CentrO.-Parkhäusern

(GPS 51.492910, 6.881640)

ÖPNV: Ab Oberhausen Hbf. mit Bus 957, 958 oder 939 Richtung Neue Mitte bis AQUApark

Oberhausen

AQUApark

Das gibt es nur im Ruhrgebiet: ein Freizeitbad als Hommage an den Bergbau! Der AQUApark in Oberhausen ist – laut Eigenwerbung – das „erste Bergbau-Erlebnisbad der Welt“. Dabei wurde die 25.000 Quadratmeter große Wasserwelt nicht etwa auf einem Zechengelände, sondern auf einer ehemaligen Brache der Gutehoffnungshütte gebaut. Statt unter Tage gehen die Besucher im AQUApark unter Wasser.

In drei „Revieren“ dürfen sich große und kleine Wasserratten tummeln: im „Freibad-Revier“ mit einem 25 Meter langen Außenbecken und Geysiren, unter der variablen Glaskuppel im ebenso großen „Sport-Revier“ und schließlich im „Erlebnis-Revier“. Letzteres ist für Familien die erste Anlaufstelle, denn hier gibt es einen kindgerechten Familienbereich mit Erlebnisbecken für die Kleinen. Dort erwartet sie übrigens auch ein lebensgroßer Nachbau des letzten Grubenpferdes der Region namens Bubi. Außerdem erreichen die größeren Juniorschwimmer von hier aus die für sie wichtigsten Attraktionen: die drei Wasserrutschen. Die haben es übrigens in sich: In der 105 Meter langen Black-Hole-Rutsche sausen Abenteuerlustige durch völlige Dunkelheit. Die X-Tube-Rutsche ist mit 120 Metern die längste in Nordrhein-Westfalen. Die Flugrutsche führt Mutige vom Förderturm aus beinahe wie im freien Fall ins Wasser. Über dem 18 Meter hohen Turm öffnet sich an schönen Tagen auch der Himmel für die Schwimmgäste, denn die darüberliegende Glaskuppel lässt sich aufmachen.

Der AQUApark will nicht nur ein Erlebnisbad sein, sondern auch ein lebendiges Bergbaumuseum. Deshalb begegnen die Gäste quasi auf Schritt und Tritt der Kumpeltradition des Ruhrgebiets. Das Foyer erinnert mit den von der Decke baumelnden Kleiderhaken an eine Kaue, und der Schwimmmeister sitzt nicht etwa in einer Kabine, sondern in der bergmännisch ausgestatteten Grubenwarte. Im Bad verteilt gibt es insgesamt zwölf Bergbaustationen, die die Geschichte der Zeche lebendig werden lassen. Anhand von Nachbauten und Animationen werden Begriffe wie Schacht, Flöz oder auch die Legende der Heiligen Barbara erklärt. So ist zum Beispiel der Flur zum Freibad-Revier als Flöz gestaltet, eine virtuelle Grubenfahrt verkürzt den Weg. Das Westfälische Industriemuseum hat großformatige Fotos von Industriekulissen und Kumpeln beigesteuert.

Speziell für Kinder gibt es einen Kumpel-Club. Mitglieder werden regelmäßig zu besonderen Aktionen eingeladen.

Mahlzeit!

Kantine

Imbiss im Badbereich

Adresse und Öffnungszeiten AQUApark, **€**

Café & Bistro Zum Flöz

Kaffee und Kuchen sowie kleinere Gerichte wie Flammkuchen, Schnitzel oder Ofenkartoffeln direkt am Bad

Adresse und Öffnungszeiten AQUApark, **€**

DRINNEN

#44

ab 3 Jahre

Legoland Discovery Centre Oberhausen
Promenade 10
46047 Oberhausen
Tel. (0 18 06) 66 69 02 20 (0,20 €/Anruf aus dem dt. Festnetz, Mobilfunk max. 0,60 €/Anruf)
www.legolanddiscoverycentre.de/oberhausen

Mo.–Fr. 10–17.30, Sa./So./Feiertage und in den NRW-Ferien 10–18.30 Uhr, Erw./Kind ab 5 Jahre 23,95 €/Kind ab 3 Jahre 17,95 €/Kinder unter 3 Jahre frei (Rabatte bei Online-Buchung), Kombi-Tickets mit Sea Life und Sea Life Abenteuerpark 25 bzw. 30 €

PKW: A 42, AS Neue Mitte, Richtung Marina, Ampel rechts in Zum Aquarium, kostenlose Parkplätze in den CentrO.-Parkhäusern

(GPS 51.492910, 6.881640)

ÖPNV: Ab Oberhausen Hbf. mit Bus/Straßenbahn Richtung CentrO. bis Neue Mitte, ca. 12 Minuten Fußweg geradeaus über CentrO.-Promenade

Oberhausen

Legoland Discovery Centre

Wie wird eigentlich ein Legostein „geboren“? Wie baut man ein Rennauto? Und wie wird man ein echter Ninja? Antworten auf diese Fragen gibt es im Legoland Discovery Centre in Oberhausen. Hier dreht sich alles um die bunten Kultbausteine. Für große und kleine Baumeister ist das Mitmachmuseum auf dem CentrO.-Gelände das ultimative Ausflugsziel. In derzeit zwölf Themenbereichen wird gebaut, entwickelt, getobt, gespielt und geschaut.

Empfohlen wird das Legoland für Kinder ab 3 Jahren. Sie können allerdings nur einen Teil der Angebote nutzen. Kinder ab 5 Jahren haben sicher mehr vom Besuch.

Ein Rundgang durch die Legofabrik mit Dr. Stein eignet sich gut als Einstieg in die Legowelt. Er zeigt den Neuankömmlingen, aus welchem Granulat welcher Stein entsteht. Highlight ist außerdem das 4-D-Kino, in dem die Plastikfiguren wirklich zum Leben

Und daraus werden Legosteine?

erwachen. Das Publikum ist dank der Effekte mittendrin. Dabei kann es schon mal windig oder auch nass werden!

Bereits kleine Kinder können im Duplo Dorf um die Wette bauen oder sich im Kletterbereich der „Fire Academy" austoben. Noch eine Nummer größer wird es auf der Lego City Baustelle, denn hier wird mit übergroßen, schaumstoffweichen Steinen Großes kreiert.

Ältere Kinder können sich im Modellbau-Workshop Tipps von Bauprofis holen oder als Merlins Zauberschüler im Karussell durch die Fantasiewelt fliegen. Noch recht jung ist das Trainingscamp der Ninjago. Hier beweisen kleine Besucher ihre Geschicklichkeit im Lasertunnel oder testen ihre Reflexe in Reaktionsspielen. Und natürlich können sie auch selbst Spinjitzu – kleine Lego-Ninja-Kämpfer – bauen.

Das Legoland hat einen prall gefüllten Veranstaltungskalender. Immer mal wieder gibt es Thementage, Workshops oder Tauschtage. Zu Halloween und natürlich in der Vorweihnachtszeit gibt es spezielle Dekorationen und Bauaktionen.

Mahlzeit!

Café im Legoland

Essen und Bauen lassen sich hier verbinden

Adresse und Öffnungszeiten wie Legoland Discovery Centre, **€**

DRINNEN

#45

ab 4 Jahre

Sea Life Oberhausen
Zum Aquarium 1
46047 Oberhausen
Tel. (02 08) 44 48 84 44
www.sealife.de

tägl. 10–18.30, Silvester 10–14.30 Uhr, Heiligabend geschl., Erw./Kind ab 3 Jahre 19,95 €/Kind unter 3 Jahre frei (Rabatte bei Online-Buchung), Kombi-Tickets mit Legoland Discovery Centre und Sea Life Abenteuerpark ab 23,95 €

PKW: A 42, AS Neue Mitte, Richtung Marina, Ampel rechts in Zum Aquarium, kostenlose Parkplätze in den CentrO.-Parkhäusern

(GPS 51.492910, 6.881640)

ÖPNV: Ab Oberhausen Hbf. mit Bus/Straßenbahn Richtung CentrO. bis Neue Mitte, Fußweg geradeaus über CentrO.-Promenade

Oberhausen

Sea Life

Auge in Auge mit Haien, Riesenkrabben oder Kraken im Sea Life Oberhausen – ein besonderes Erlebnis für die Besucher. Das Großaquarium beherbergt mehr als 5000 Tiere in Becken, die mit Riffen, Korallenbänken und Algen ihren natürlichen Lebensräumen nachempfunden wurden. Dabei geht es nicht darum, besonders exotische oder seltene Tiere auszustellen, sondern die Artenvielfalt zu zeigen und ihre Erhaltung zu unterstützen. Das Sea Life fördert Schutzprogramme und startet selbst regelmäßig Aktionen, zum Beispiel zum Schutz der Schwarzspitzenriffhaie.

Die Reise in die Unterwasserwelt beginnt mit dem Besuch an den Quellen des Rheins. Landschaft und Wasserwelt wurden im Aquarium nachgestellt. Danach folgen die Besucher dem Fluss bis zur Mündung. Die Reise endet in den Tiefen des Atlantiks. Im tropischen Ozeanbecken wartet das „Hai-light“: In dem mit 1,5 Millionen Litern Wasser gefüllten Aquarium tummeln sich Haie, Meeresschildkröten und Rochen. 45 verschiedene Arten leben hier, allein mehr als 20 Haie. Ein gläserner Tunnel vermittelt den Besuchern das Gefühl, mittendrin zu sein in dieser tropischen Unterwasserwelt. Seefahrer können die tropische Unterwasserwelt auch von oben erkunden. Mehrmals zieht ein Glasbodenboot seine Runden im Becken. Ein Führer leitet die Bootsexpedition und erklärt, was es unterwegs zu sehen gibt. (Achtung: Die Bootstour kostet extra.)

Für Kinder ebenfalls empfehlenswert ist das Berührungsbecken. In den offenen

und flachen kleinen Becken können die jungen Besucher den Tieren ganz nahe kommen. Der Unterwasser-Streichelzoo macht es möglich, einen Seestern auf die Hand zu nehmen, einen Krebs anzustupsen oder die Tentakel der Seeanemone vorsichtig zu berühren. An jedem Becken weisen Mitarbeiter die Besucher ein und erklären Wissenswertes zu den Bewohnern.

Ein besonderes Erlebnis ist die Backstagetour. Die Teilnehmer können unter anderem einen Blick in die Futterküche und in die Kinderstube des Sea Lifes werfen. Die Tour eignet sich für Kinder ab dem Schulalter. Für die Teilnahme muss eine zusätzliche Gebühr bezahlt werden.

Mahlzeit!

Restaurant im Sea Life

Essen mit Premiumblick auf die Aquarien und Fütterungen

Adresse und Öffnungszeiten wie Sea Life, €

Extratipp!

Sea Life Abenteuerpark

Wenn das Wetter schön ist, lohnt sich ein anschließender Ausflug in den Sea Life Abenteuerpark. Auf dem Außengelände des Aquariums ist ein eigener Freizeitpark entstanden, der die Besucher bis zum Südpool führt. Herzstück der maritimen Themenwelt mit Spiel- und Spaßangeboten sind der Pinguinbereich und eine Wildwasserbahn. Kinder gehen außerdem in Mini-Jeeps auf Safari, waschen Gold oder entern den Park per Piratenschiff.

Adresse wie Sea Life, **www.SealifeAbenteuerpark.de** oder **www.abenteuerpark-oberhausen.de**, tägl. 11–18 Uhr, in den NRW-Sommerferien längere Öffnungszeiten, Erw./Kind ab 5 Jahre 9,95 €/Kind unter 5 Jahren frei, (günstigere Online-Tickets)

DRINNEN

#46

ab 8 Jahre

Top Secret – Institut für Spionage
Zum Aquarium 2
46047 Oberhausen
Tel. (02 08) 6 20 39-111
www.topsecret-oberhausen.de

Di.–Fr. 12–18, 1. Mi. im Monat 12–21, Sa./So. 11–18, Mo. geschl., in NRW-Sommerferien tägl. 11–18, Do. 11–21 Uhr, Erw. 12,50 €/Kind (4–6 Jahre) 5 €/ Kind (7–14 Jahre) 8 €

PKW: A 42, AS Neue Mitte, Richtung Marina, Ampel rechts in Zum Aquarium, Parkplatz am Gebäude

(GPS 51.493749, 6.881481)

ÖPNV: Ab Oberhausen Hbf. mit Bus/ Straßenbahn Richtung CentrO. bis Neue Mitte, ca. 4 Minuten Fußweg geradeaus über CentrO.-Promenade

Oberhausen

Top Secret Institut für Spionage

Einmal wie Tom Cruise elegant durch ein Gewirr von Laserstrahlen klettern oder wie James Bond verschlüsselte Geheimnachrichten entziffern oder wie das CSI-Team Beweise im Labor sichern. In der Dauerausstellung Top Secret an der Marina in Oberhausen geht es abenteuerlich und geheimnisvoll zu.

Viele Ausstellungsstücke sind für sich genommen schon spannend genug. So schwebt in der Eingangshalle ein Helikopter, aus dem sich Agenten (Schaufensterpuppen) abseilen. In den Räumen ist dann der originale Aston Martin zu bestaunen, den Sean Connery in „Goldfinger“ fuhr – komplett mit stählernem Kugelschutz und geheimnisvollen Knöpfen.

Die Ausstellung gewährt einen Einblick in „echte“ Geheimdienstarbeit, in dunkle Kapitel der Geschichte, Ausmaße technisch möglicher Überwachungen und Formen des Terrorismus.

Insgesamt finden sich mehr als 2000 Exponate in der Halle auf dem Gelände des CentrO., in erster Linie Originale. Jeder Raum ist einem anderen Thema gewidmet. Den Einstieg ins jeweilige Thema finden die Besucher über einen Film. Danach geht es ins „Lager“, dessen gestapelte Kisten Agentenausstattungen verschiedenster Art zeigen. Für Kinder eignen sich besonders die Themenbereiche der Agentenfilme oder auch das Klassenzimmer, in dem sich alles ums Spicken dreht. Daneben gibt es zahlreiche Mitmachstationen. Die Kinder können durch

Bonds Aston Martin

den eingangs beschriebenen Lasertunnel klettern, sich Nachrichten morsen, an Fühlstationen Objekte ertasten oder in einem nachgebauten Wohnzimmer auf die Suche nach Überwachungskameras gehen.

Am besten buchen Eltern eine Familien- bzw. Kinderführung. Die Mitarbeiter bereiten die Inhalte der Ausstellung kindgerecht auf. An jedem Sonntag bietet Top Secret offene Kinderführungen an. Dabei steht die spielerische Wissensvermittlung im Vordergrund. Geeignet sind diese Führungen für Kinder ab 8 Jahren.

Spannend und dazu noch kostenlos ist die QR-Code-Rallye. Die Codes sind überall in der Ausstellung versteckt. Wer die so gestellten Aufgaben löst, die Quizfragen beantwortet und Missionen erfüllt, ist am Ende ausgebildeter Agent.

Das Gelände des CentrO. lohnt sich als Ziel für einen Tagesauflug. Neben dem Shoppingerlebnis bietet es zum Beispiel auch Schwimmspaß im AQUApark (siehe S. 98), eine tolle Unterwasserwelt im Sea Life (siehe S. 102) oder Spielspaß im Legoland Discovery Centre (siehe S. 100). Gleich nebenan lockt außerdem der Kaisergarten am Schloss Oberhausen (siehe S. 200).

Mahlzeit!

Coca-Cola Oase im CentrO.

Von Hamburger über Pizza bis zum Sandwich alles, was Kinder mögen, unterschiedliche Anbieter

Centroallee 1000, 46047 Oberhausen, Zugang über Promenade oder über Mall
www.centro.de
Mo.–Do. 10–22, Fr./Sa. 10–24, So./Feiertage 10–22 Uhr, €

Pfannkuchenhaus

Pfannkuchen und Schnitzel zum Sattessen auf der CentrO. Promenade

Promenade 17, 46047 Oberhausen, Tel. (02 08) 6 94 44 41
www.pfannkuchenhaus-online.de
So.–Do./Feiertage 11.30–23, Fr./Sa. 11.30–24 Uhr, €–€€

DRINNEN

#47

Recklinghausen

Caracho Modellrennbahn Center

ab 9 Jahre

Caracho Modellrennbahn Center Recklinghausen
Herner Straße 97–99
45659 Recklinghausen
Tel. (0 23 61) 2 10 61
www.carachocenter.de

Mi.–Fr. 15–22, Sa./So./Feiertage 11–22 Uhr, Mo./Di. geschl., 30 Minuten 2,50 €, 90 Minuten 6 €, Kartenpfand 2,50 €

PKW: A 2, AS Recklinghausen Süd, Richtung Zentrum, rechts in Herner Straße, Parkplätze an der Halle

(GPS 51.598033, 7.204934)

ÖPNV: Ab Recklinghausen Hbf. mit Bus SB 20 Richtung Herne Bf. bis Vestlandhalle

Endlich mal genug Platz für eine Carrera-Bahn! Wer seine eigene Rennbahn wegen akuten Platzmangels in den Keller verbannen musste, kann in Recklinghausen nun richtig Gas geben. Im Caracho Modellrennbahn Center werden Mini-Rennfahrer-Träume wahr. Eine ganze Halle voller Mini-Rennbahnen lässt die Herzen der Autofans höher schlagen. Insgesamt 800 Meter Rennstrecke haben die Betreiber aufgebaut. Eine Carrera-Exklusiv-Bahn, zwei Holzbahnen und eine mobile Rennbahn warten auf Tempoliebhaber. 24 Fahrer können gleichzeitig ins Rennen gehen.

Die Abrechnung erfolgt über eine Chipkarte, die mit Rennzeit aufgeladen wird. Erfahrene Rennfahrer können ihren eigenen Flitzer auf die Strecke schicken. Alle anderen haben die Möglichkeit, die kleinen Autos im Renncenter zu leihen.

Die Zeit stoppt der Computer auf die Millisekunde genau. Die Teamkonstellationen sind variabel: Der Sohn tritt gegen den Vater an oder die Tochter gegen die Mutter, auch ein ganzes Familienrennen ist möglich. Die Bahnen können außerdem für kleinere und größere Gruppenevents gebucht werden. Dann gibt es den Rennleiter und ein wenig Unterhaltungsprogramm gleich dazu.

Echte Fans fahren hier auch Qualifikationen für offizielle Rennen. Beinahe jede Woche stehen Renntermine im Kalender des Caracho.

Zum Center gehört außerdem ein Shop, in dem man sich mit allem eindecken kann, was Modellrennfahrer brauchen. Autos, aber auch ganze Rennbahnen oder Bastelsets sind im Angebot. Für kleinere Pannen steht außerdem ein Reparaturservice bereit.

Mahlzeit!

Caracho Gastronomie

Pizza und Snacks für hungrige Rennfahrer im Renncenter oder im Biergarten

Adresse und Öffnungszeiten wie Caracho Modellrennbahn Center, **€**

DRINNEN

#48

Recklinghausen

Museum Strom und Leben

ab 5 Jahre

Museum Strom und Leben
Uferstraße 2–4
45663 Recklinghausen
Tel. (0 23 61) 9 84 22 16
www.umspannwerk-recklinghausen.de

Sept.–Juli Di.–So. 10–17, Mo. geschl., Juni–Aug. tägl. 10–17 Uhr, Erw. 4 €/Kind 2,50 €/Familie 10 €

PKW: A 42, AS Herne-Baukau, Richtung Recklinghausen, auf Westring, links in Bahnhofstraße, weiter auf Bochumer Straße, Parkplatz am Umspannwerk

(GPS 51.561215, 7.207855)

ÖPNV: Ab Herne Bf. mit Bus SB 20 bis Hochlarmarkstraße oder Kanalbrücke, ca. 3 Minuten Fußweg über Bochumer Straße

Wie kommt eigentlich der Strom in die Steckdose? Und wie wird er erzeugt? Antworten auf diese Fragen liefert das Museum Strom und Leben im Umspannwerk Recklinghausen. Deutschlands größtes Elektrizitätsmuseum führt Neugierige durch die Geschichte der Stromerzeugung. Das Besondere: Ein Teil des Umspannwerks ist noch in Betrieb. Beim Rundgang durch die Dauerausstellung kommen die Besucher nicht nur in den historischen Teil des in den 1930er-Jahren erbauten Umspannwerks, sondern auch ins aktive Schalthaus.

Nicht nur für Kinder ist es spannend zu sehen, wie Dampfmaschine oder Wasserturbine funktionieren und wie Elektrizität entsteht. In praktischen Experimenten und spielerischen Einführungen vermittelt die Schau die Grundlagen der Elektrik.

Was Strom …

Ein Highlight vor allem für kleine Forscher ist die Fahrzeughalle. Hier zeigt sich, was Strom alles bewegt: Dort steht eine elektrische Straßenbahn aus dem Jahr 1916 neben einem modernen Elektromobil und weiteren Fahrzeugen aus dem Bestand des Stromriesen RWE.

In vielen Ausstellungsbereichen ist Anfassen durchaus erlaubt. Das elektrische Klavier wartet auf Musikanten, ein Flipper lädt zum Spielen ein. Papa und Mama können hier dem Nachwuchs zeigen, wie elektronische Spiele vor Playsta-

tion und Wii ausgesehen haben. Historische Geräte wie eine alte Trockenhaube, Fernseher oder Küchengeräte verdeutlichen, wie sich die Technik in den vergangenen Jahrzehnten entwickelt hat.

Eine Museumsrallye (1,50 €) macht den Rundgang noch spannender. Familien können die 17 Aufgaben gemeinsam lösen. Ist alles richtig beantwortet, gibt es ein kleines Geschenk.

Das Museum Strom und Leben im Umspannwerk Recklinghausen ist einer der 25 Ankerpunkte der Route der Industriekultur (siehe Extra S. 214).

Mahlzeit!

Stadthafen Recklinghausen

Im Sommer unter freiem Himmel am Strand speisen, im Winter gemütlich am Kamin sitzen

Am Stadthafen 6–9, 45663 Recklinghausen,
Tel. (0 23 61) 9 60 62 11
www.stadthafen.com
tägl. ab 12 Uhr, **€**

… so alles …

… ermöglicht!

DRINNEN

#49

ab 4 Jahre

LWL-Industriemuseum Schiffshebewerk Henrichenburg
Am Hebewerk 2
45731 Waltrop
Tel. (0 23 63) 97 07-0
www.schiffshebewerk-henrichenburg.de

Di.–So./Feiertage 10–18 Uhr, Mo. geschl., Weihnachten–Neujahr geschl., Erw. 4 €/Kind (6–17 Jahre) 2 €/Familie 9 €

PKW: A 2 Oberhausen–Hannover, AS Castrop-Rauxel/Henrichenburg auf B 235 Richtung Datteln, rechts in Hebewerkstraße, weiter auf Am Hebewerk, Parkplatz am Museum

(GPS 51.616604, 7.325848)

ÖPNV: Ab Castrop-Rauxel Hbf. mit Bus SB 22 bis Datteln Wittener Straße, ca. 8 Minuten Fußweg: Provinzialstraße Richtung Kanal folgen, rechts in Am Hebewerk

Extratipp!

Ausflugsschiff Henrichenburg

Das Ausflugsschiff Henrichenburg startet während des Sommerhalbjahres mehrmals täglich zu Kanaltouren in die Umgebung. Ausflügler kommen so auch in den Genuss einer Schleusung, allerdings in der modernen Schleuse. Die meisten Touren starten am Kai des Vorhafens am Museum.

Fahrgastschiff Henrichenburg, Tel. (0 23 63) 20 18, **www.fgs-henrichenburg.de**, Apr.–Okt. Fahrten lt. Fahrplan, Erw. 7–12 €/Kind (bis 12 Jahre) 5–8 € (je nach Länge der Fahrt)

Waltrop

Museum Schiffshebewerk Henrichenburg

Da bekommen nicht nur Kinder große Augen: In Waltrop im Kreis Recklinghausen gibt es einen Aufzug nur für Schiffe! Zu Zeiten Kaiser Wilhelms II. sorgte das Alte Schiffshebewerk Henrichenburg dafür, dass der Dortmund-Ems-Kanal durchgängig zu befahren war. Die Schiffe fuhren quasi auf einer Etage in den großen Stahltrog und wurden dann auf das Niveau des anschließenden Kanals gehoben oder eben gesenkt. Zur Zeit seiner Eröffnung im Jahr 1899 war das Schiffshebewerk eine kleine technische Sensation und das erste seiner Art in Deutschland. Bis zu 800 Tonnen wogen die Schiffe, die hier „geliftet“ wurden.

Heute erklärt Museumsmaskottchen Käpt'n Henri Kindern alles Wissenswerte rund um den Schiffsaufzug und zum Thema Binnenschifffahrt. Im ehemaligen Kessel- und Maschinenhaus gibt es eine Kinderausstellung, die aufs Mitmachen und Ausprobieren ausgelegt ist. Am Modell des Schiffshebewerks können kleine Schiffer zum Beispiel in der Praxis üben, wie die Kähne auf- und abgefahren werden. Sogar einen begehbaren Maschinenraum gibt es hier. Wie groß so eine Schiffsschraube ist oder wie schwer früher eine Taucherausrüstung war, erleben die Kinder unter der Führung von Käpt'n Henri ebenfalls hautnah. Das Museum ist deshalb auch für kleinere

Kinder ab ungefähr 4 Jahren geeignet. Es gibt aber für alle Altersgruppen spezielle Führungen, die allerdings immer als Gruppenveranstaltungen zu buchen sind.

Im Außenbereich gibt es ebenfalls einiges zu sehen. Am „Unterwasser“, also dem niedriger gelegenen Kanalteil, liegt das Motorgüterschiff „Franz-Christian“. An Bord erleben Kids, wie Schiffsjungen früher gelebt und gearbeitet haben. Auf einem alten Lastkahn können Jungen und Mädchen ausprobieren, wie Schiffe früher be- und entladen wurden. Am „Oberwasser“ gibt es einen Wasserspielplatz mit eigenem Hebewerk, Flößen und Kletterschiffen.

Wer mag, kann auch einen Blick in die stillgelegte Hebewanne werfen oder die Kanallandschaft von der Brücke zwischen den beiden Hebewerktürmen aus betrachten.

Das Schiffshebewerk Henrichenburg ist Ankerpunkt der Route der Industriekultur (siehe Extra S. 214).

Mahlzeit!

Gastrobus

Snacks, Kuchen und Getränke am englischen Doppeldeckerbus von 1959

Standort: Museumsvorplatz,
Tel. (0 23 63) 91 83 13
www.gastrobus.com
Sommer: Di.–So. 11–18 Uhr (Änderungen vorbehalten), Winter: nach Absprache, €

z.B. Fledermausführungen in Bergkamen S. 114

z.B. Bauernhof am Mechtenberg in Essen S. 152

DRAUSSEN

z.B. Holzkohlemeiler
in Haltern S. 168

z.B. Kitebuggy- und
Strandsegelschule
am Kemnader See
in Witten S. 210

Und 46 weitere Tipps bei Sommer, Sonne und mehr …

DRAUSSEN

#1

ab 6 Jahre

RVR Ruhr Grün
Kontakt über Informationszentrum Emscher Landschaftspark
Haus Ripshorst
Ripshorster Straße 306
46117 Oberhausen
Tel. (02 08) 8 83 34 83
www.umweltportal.metropoleruhr.de

Führungen Bergkamen Apr.–Okt. lt. Programm, Erw. 5 €/Kind 3 €

NABU-Regionalstelle Ruhrgebiet
Im Welterbe 1
45141 Essen
Tel. (02 01) 29 46 40 40
www.nabu-im-ruhrgebiet.de

Führungen lt. Programm, Teilnahme kostenlos

Anfahrt zum Naturschutzgebiet Beversee, Bergkamen:
PKW: A 2 Richtung Hannover, AS Kamen/Bergkamen, auf B 61/Lünener Straße Richtung Kamen/Bergkamen, links auf B 61/Westring, links in Münsterstraße/Nordring, links in Werner Straße

(GPS 51.634549, 7.649425)

ÖPNV: Ab Bergkamen Busbahnhof mit Bus S 20 Richtung Werne oder S 80 Richtung Hamm bis Marina, ca. 10 Minuten Fußweg, links in Hafenweg, rechts in Werner Straße

Bergkamen

Fledermaus-führungen

Nachtwanderungen sind spannend – noch spannender sind sie, wenn man dabei auf den Spuren der „Jäger der Nacht" wandelt. Ausgerüstet mit Taschenlampen und Bat-Detektoren können große und kleine Entdecker im Ruhrgebiet auf die unblutige Jagd nach Fledermäusen gehen. Zahlreiche Institutionen wie der Regionalverband Ruhr (RVR), der Naturschutzbund (NABU) oder die Biologischen Stationen bieten nächtliche Fledermausexkursionen an.

Rund ein Dutzend Fledermausarten sind in der Region heimisch. Die meisten stehen auf der Roten Liste der bedrohten Tiere. Die fliegenden Jäger tummeln sich in den Sommermonaten vor allem rund um die Gewässer der Region. Besonders beliebte Jagdreviere sind das Naturschutzgebiet Beversee in Bergkamen sowie der Emscherbruch bei Gelsenkirchen und Herten. Zwischen April und Oktober bietet zum Beispiel der RVR rund 20 Führungen in den Naturschutzgebieten an. Danach ziehen sich die Fledermäuse in ihre Winterquartiere zurück.

Eine große Fledermauspopulation gibt es auch in Essen. Veranstaltungen mit dem NABU finden zum Beispiel auf dem Gelände des Welterbes Zollverein oder im Grugapark statt.

Bei Einbruch der Dunkelheit geht die Erkun-

Im Tiefschlaf

dungstour los. Mit Bat-Detektor, Suchscheinwerfern und Nachtsichtgerät werden die scheuen Tiere aufgespürt. Der Detektor setzt die Ultraschalllaute der fliegenden Säugetiere in Geräusche um, die für Menschen hörbar sind. So können die Teilnehmer die Fledermäuse orten. Dazu gibt es natürlich jede Menge Informationen über die scheuen Jäger der Nacht – zum Beispiel, dass die fliegenden Säuger mit bis zu 70 Kilometern pro Stunde unterwegs sind, oder dass ihr Speiseplan vor allem Mücken, Nachtfalter, Käfer und Spinnen beinhaltet. Die Erlebnisführungen dauern rund drei Stunden. Spannend sind sie nicht nur für Kinder, auch die Erwachsenen kommen auf ihre Kosten.

Rund um das letzte Wochenende im August gibt es besonders viele Veranstaltungen zum Thema Fledermaus. Zu diesem Zeitpunkt steht nämlich die jährliche Bat-Night an. Der NABU im Ruhrgebiet bietet dann ebenfalls zahlreiche Führungen, Aktionen und Feste an.

Auf zu neuen Abenteuern

ab 5 Jahre

Naturfreibad Heil
Dorfstraße (am Westenhellweg)
59192 Bergkamen
Tel. (0 23 89) 13 35
Mitte Mai–Aug. tägl. 10–19 Uhr (nur bei schönem Wetter), Sept.–Apr. u. bei schlechtem Wetter geschl., Erw. 3,50 €/ Kind 1,50 €

PKW: A 2 Richtung Hannover, AS Dortmund-Nordost auf B 236 Richtung Lünen, weiter auf B 61, links in Zwolle-Allee, rechts auf B 54/Münsterstraße, rechts in Schieferkamp, durchfahren bis Dorfstraße

(GPS 51.632870, 7.585090)

ÖPNV: keine direkte Anbindung an ÖPNV

Bergkamen

Naturfreibad Heil

Ein bisschen wie in alten Filmen fühlen sich Schwimmer im Naturfreibad Heil. Statt einem blau gekachelten Becken, Sprungtürmen und modernen Filteranlagen finden sie hier ein Bad, wie die Natur es geschaffen hat. Geschwommen wird in einem Altarm der Lippe, inmitten von Feldern, Waldstücken und Wiesen. Beinahe kann man mit den Enten um die Wette planschen. Seit 1910 betreibt der Schwimmverein Heil hier seine „Badeanstalt“. Ein tolles Ziel für den Badeausflug mit der ganzen Familie.

Rund 16.000 Quadratmeter Fläche umfasst die Bade-Oase im Grünen. 40 Jahre alte Bäume spenden kühlenden Schatten auf der großzügigen Liegewiese. Träge plätschert das Wasser zwischen Badestrand und Lippeinsel. Schilf säumt das Ufer an vielen Stellen. Hier geht es richtig gemütlich zu. Toben und spielen ist natürlich erlaubt, laute Musik aus dem CD-Player aber nicht.

Sommervergnügen

Geeignet ist das Naturbad sowohl für Schwimmer als auch für Nichtschwimmer. Das Wasser ist nur bis zu 2 Meter tief, an vielen Stellen kann man auch stehen. Zudem ist ein spezieller Nichtschwimmer-Bereich abgetrennt. Zwei Rutschen – eine für Erwachsene und eine für Kinder – sorgen für einen rasanten Einstieg. Der Schwimmverein verleiht außerdem Autoreifen, mit denen sich die Gäste im Wasser vergnügen können. Achtung: Das Naturfreibad Heil ist nur mit dem Fahrrad oder dem Auto zu erreichen. Die Haltestellen des ÖPNV sind zu weit vom Bad entfernt.

Mahlzeit!

Strandkiosk

Kalte Getränke, Eis und Snacks im Freien

Adresse und Öffnungszeiten wie Naturfreibad, **€**

DRAUSSEN

#3

ab 4 Jahre

Eisenbahnmuseum Bochum
Dr.-C.-Otto-Straße 191
44879 Bochum
Tel. (02 34) 49 25 16
www.eisenbahnmuseum-bochum.de

März–Nov. Di.–Fr. u. So./Feiertage 10–17 Uhr, Mo./Sa. geschl., Nov.–Feb. geschl., Erw. 7,50 €/Kind (6–14 Jahre) 4 €/Familie 19 €

PKW: A 40, AS Essen-Frillendorf, Richtung Stoppenberg, weiter auf Am Zehnthof, rechts in Schönscheidtstraße, weiter auf Buschstraße, rechts in Krayer Straße, links in Grenoblestraße, weiter auf Ruhrau, auf Dahlhauser Straße, auf Dr.-C.-Otto-Straße, Parkplatz am Museum

(GPS 51.432939, 7.126086)

ÖPNV: Ab Essen Hbf. mit S-Bahn S 3 bis Bochum-Dahlhausen, von dort Pendelzug zum Museum oder ab Bochum Hbf. mit S-Bahn S 1 bis Essen-Steele-Ost, von dort S 3 bis Bochum-Dahlhausen, dann Pendelzug zum Museum

Bochum

Eisenbahnmuseum

In Bochum kommen Mini-Lokführer voll auf ihre Kosten. In Dahlhausen, auf dem Gelände des ehemaligen Bahnbetriebswerks, befindet sich das größte private Eisenbahnmuseum Deutschlands. Die Deutsche Gesellschaft für Eisenbahngeschichte hat das Gelände gemietet und hier eine Art Altersruhesitz für historische Loks, Tiebwagen und Waggons aufgebaut.

Mehr als 150 Fahrzeuge hat das Museum zusammengetragen. Zu sehen sind sie nicht nur in den weitläufigen Hallen, sondern auch auf den Schienen im Außenbereich. Immer wieder werden Loks und Triebwagen in Aktion präsentiert. Wer mag, darf auch mal zum Lokführer in den Führerstand klettern, seine Kräfte an der handbetriebenen Draisine testen oder mit einer echten Feld- und Grubenbahn – einer Bahn im Mini-Format – fahren. Stars der Ausstellung sind die unterschiedlichen Dampfloks. Die stählernen Kolosse stammen zum großen Teil aus den Anfangsjahren des 20. Jahrhunderts. Die älteste Ausgabe ist eine Kleinbahn-Schmalspurdampflok aus dem Jahr 1888. Aber auch moderne Züge sind in Bochum zu sehen.

Das Herzstück des Außengeländes ist der 14-ständige Ringlokschuppen mit seiner großen Drehscheibe, über die die alten Schätze nach draußen gebracht werden. Den „Schuppen" muss man sich wie eine riesige Garage für Züge vorstellen. Die

Drehscheibe ist quasi der Verteilerkreis, über den die Bahnen ein- und ausgeparkt werden.

Ergänzt wird die Parade der Loks und Züge durch eine Dauerausstellung mit Signalen, Fahrkartendruckern oder auch historischen Aufnahmen. Außerdem wird die Geschichte der Dampflok ausführlich erklärt.

An Sonn- und Feiertagen pendelt das „Schweineschnäutzchen" – der Wismarer Schienenbus von 1936 – zwischen dem Eisenbahnmuseum und dem S-Bahnhof Bochum-Dahlhausen. So kommen Besucher gleich stilecht auf dem Bahnsteig des Museums an. Zusätzlich werden zahlreiche Sonderveranstaltungen sowie Sonderfahrten mit dem Museumszug angeboten.

Für Kinder gibt es besondere und altersgerechte Führungen, bei denen die kleinen Besucher auch das ein oder andere ausprobieren dürfen. Zweimal im Jahr veranstaltet das Museum außerdem einen Kindertag, an dem sich alles nur um die Nachwuchslokomotivführer dreht.

Das Eisenbahnmuseum Bochum-Dahlhausen ist ein Ankerpunkt auf der Route der Industriekultur (siehe Extra S. 214).

Mahlzeit!

Landhaus Wibbecke

Uriges Landhaus mit Kaminzimmer und schattigem Biergarten nur wenige Minuten vom Museum entfernt

Kassenberger Straße 83, 44879 Bochum
Tel. (02 34) 49 08 39
www.landhaus-wibbecke.de
tägl. ab 17.30 Uhr, €€

Extratipp!

Nostalgische Ausflugsfahrt

Das Eisenbahnmuseum ist eine Station der Ruhrtalbahn. Von hier starten Züge im Linienverkehr zur nostalgischen Ausflugsfahrt bis nach Hagen. Die Dampfzüge kommen meist aus der Sammlung des Eisenbahnmuseums. Auch historische Schienenbusse fahren hier. Dies ist eine gemütliche Alternative, um das Ruhrtal und die anliegenden Sehenswürdigkeiten wie historische Stadtkerne, Industriedenkmäler oder Burgen und Schlösser zu erreichen. Die Ruhrtalbahn hat daneben aber auch weitere Ausflugsfahrten sowie kombinierte Zug- und Schiffstouren im Programm.

RuhrtalBahn GmbH, Büro, Honigsberger Straße 26, 45472 Mülheim/Ruhr, Tel. (02 08) 3 09 98 30 10, **www.ruhrtalbahn.de**, Mai–Okt. lt. Fahrplan, Dampfzugfahrt ab 3 € (Kurzstrecke)/Kind bis 14 Jahre frei

DRAUSSEN

#4

ab 4 Jahre

Fanta Modellspielplatz
Hüller Straße 55
44866 Bochum-Wattenscheid

ganzjährig tägl. geöffnet, Eintritt frei

PKW: A 40, AS Bochum-Wattenscheid/West, auf Berliner Straße Richtung Wattenscheid, weiter auf Lyrenstraße, rechts in Ückendorfer Straße, weiter auf Marienstraße, links in Hüller Straße, Parkplätze am Straßenrand

(GPS 51.486933, 7.135323)

ÖPNV: Ab Bochum Hbf. mit Bus 365 bis Freiheitstraße, ca. 7 Minuten Fußweg über Freiheitstraße, rechts in Hüller Straße

Bochum

Fanta Modellspielplatz

Abenteuer erleben auf dem Dschungelweg, die Geschicklichkeit testen im Balancierwald, an der Wasserpumpe für kühlendes Nass sorgen – auf dem Spielplatz in Bochum-Wattenscheid findet jeder eine spannende Aufgabe. Das Besondere: Dieser Spielplatz ist Vorbild für viele andere in Deutschland. Die Fanta Spielplatz-Initiative hat ihn gemeinsam mit Experten des Deutschen Kinderhilfswerks und des TÜV Rheinland geplant und umgebaut. Mitgewirkt haben spezielle Berater sowie die Kinder des Viertels, die den alten Abenteuerspielplatz an gleicher Stelle genutzt hatten. Die Idee: Einen Spielplatz zu gestalten, der eher aussieht wie gewachsen als wie gebaut. Ein Spielplatz, der Raum für Abenteuer und Entdeckungstouren bietet.

Hier ist geschicktes Balancieren gefragt.

Jetzt gibt es auf dem 2000 Quadratmeter großen Areal alles, was die Kinder sich gewünscht haben: einen Weidenwald, der von Spielwegen durchzogen ist, eine hügelige Landschaft mit Findlingen, Bäumen und Grün, einen Hang, den man auf dem Hosenboden herunterrutschen kann sowie einen Balancierwald. Dazu Spielgeräte für alle Altersklassen: eine Wasserpumpe, eine Nestschaukel, Klötze, auf denen man balancieren kann. Für ältere Kinder bietet der Spielplatz mit der Jugendhütte einen guten Treffpunkt. In Bewegung kommen sie beim Streetball, wofür ebenfalls eine eigene Anlage gebaut wurde.

Die einzelnen Module des Bochumer Spielplatzes werden jetzt auf Spielplätzen in ganz Deutschland verwendet. Städte können sich bei der Fanta Spielplatz-Initiative bewerben und bekommen – wenn sie Glück haben – den Umbau alter Plätze nach dem Bochumer Vorbild gesponsort.

ab 4 Jahre

Zeltfestival Ruhr
Festivalgelände am Kemnader See,
Querenburger Straße
58455 Witten
www.zeltfestivalruhr.de

Mo.–Fr. 17–24, Sa./So. 12–24 Uhr, Erw. 3 €/Kind bis 12 Jahre frei, Konzerte und Aktionen lt. Programm

PKW: A 43 Richtung Wuppertal/Witten bis Witten-Heven, links in Seestraße, weiter auf Universitätsstraße, rechts in Querenburger Straße, Parkplätze am Freizeitzentrum

(GPS 51.438524, 7.282195)

ÖPNV: Ab Bochum Hbf. mit U-Bahn U 35 bis Ruhr-Universität Bochum, dort Bus 375 bis Freizeitbad Heveney, zusätzlich Shuttlebusse ab Bochum Hbf. im 30-Minuten-Takt

Bochum

Zeltfestival Ruhr Kinderprogramm

Jedes Jahr im August und September verwandelt sich eine riesige Wiese am Kemnader See auf Bochumer Stadtgebiet in eine bunte Zeltstadt. Schon von Weitem sieht man die überdimensionalen, weißen Pagodenzelte, um die sich zahllose Stände, Bars, Bühnen und Sitzecken gruppieren. Rund zwei Wochen langt tobt hier auf einem 25.000 Quadratmeter großen Areal das Leben. Internationale Acts mischen sich mit regionalen Künstlern, Comedy und Lesungen kommen auch auf die Bühnen. Joe Cocker war schon hier, ebenso die Fantastischen Vier, Sunrise Avenue, Milow, Casper, Unheilig oder Tim Bendzko. Die 1LIVE-O-Ton-Charts sind schon mal live zu hören oder es greift ein Tatortkommissar zum Mikrofon. Die Bühnen der drei großen Eventzelte sind immer ausgebucht.

Die Menschen kommen aber nicht nur wegen des Bühnenprogramms. In der Zeltstadt gibt es auch Ruhezonen zum Entspannen, einen Kunsthandwerker- und Designermarkt sowie einen großen Biergarten mit unterschiedlichen Anbietern. Ein weiterer Pluspunkt der Veranstaltung: Die Kinder haben ihr eigenes Festival im Festival. Am Samstag- und Sonntagnachmittag ist in den Eventzelten alles auf Kinder ausgerichtet. Denn nicht nur die Großen, sondern auch die Kids können zwischen Musik, Theater oder Show wählen. Volker Rosin tritt hier ebenso auf wie der Hohensteiner

Herzlich willkommen

Kasper. Es gibt mehrere Zelte unterschiedlicher Größe mit variierendem Programm (z. B. Musicals, Theaterstücke, Konzerte).

Daneben ist ein Areal nur für die jungen Besucher reserviert. Im Kinderbereich können sie zwischen Indianerzelten, Hüpfburgen, Hängematten und Strandbereich einen abwechslungsreichen Nachmittag verbringen. Betreuer kümmern sich um die kleinen Gäste, spielen, malen und basteln mit ihnen. In der Zwischenzeit können die Eltern ganz entspannt eine Runde über das Gelände drehen. Bezahlt wird nur der Festivaleintritt.

Mahlzeit!

Gastronomiemeile des Zeltfestivals Ruhr

Im größten Open-Air-Restaurant des Reviers trifft Currywurst auf Jakobsmuschel

Adresse wie Zeltfestival
Mo.–Fr. 17–24, Sa./So. 12–24 Uhr, **€–€€**

Mächtig was los in der Zeltstadt

DRAUSSEN

#6

Bottrop

Freizeitpark Schloss Beck

ab 3 Jahre

Freizeitpark Schloss Beck
Am Dornbusch 39
46244 Bottrop
Tel. (0 20 45) 51 34
www.schloss-beck.de

Apr.–Aug. tägl., Sept. Sa./So. sowie NRW-Herbstferien tägl. 9–18 Uhr, Nov.–März und bei schlechtem Wetter geschl., Erw. 11 €/Kind 10 €

PKW: A 31, AS Bottrop-Kirchhellen, Feldhausener Straße Richtung Kirchhellen, weiter auf Warner Allee, rechts in Im Mandel, links in Schlossgasse, rechts in Am Dornbusch, kostenpflichtiger Parkplatz am Freizeitpark, 1 € Gebühr

(GPS 51.613408, 6.977048)

ÖPNV: Ab Bottrop Hbf. mit Regionalbahn RB 44 Richtung Dorsten bis Feldhausen, Fußweg ca. 10 Minuten: Hövekesweg Richtung Norden, rechts in Kapellenstraße, rechts in Marienstraße, links in Schlossgasse, rechts in Am Dornbusch

Dieser Schlossgarten hat es in sich! Anstelle von eleganten Statuen, exakt in Form geschnittenen Hecken und sprudelnden Wasserfontänen ist das Gelände des historischen Wasserschlosses Beck in Kirchhellen voll von rasanten Achterbahnen, Hüpfburgen, Elektrofahrzeugen und Spielmöglichkeiten. Das Besondere: Hier können schon die Kleinsten Spaß haben. Denn Schloss Beck bietet bestimmt nicht die waghalsigste Achterbahnfahrt oder das höchste Karussell, dafür aber familientauglichen Fahrspaß zum moderaten Eintrittspreis. Schon 2- bis 3-Jährige können in Begleitung mit der elektrischen Kutsche durch den Park gondeln, mit der Bimmelbahn den Märchenwald erkunden oder erste Achterbahnluft auf der Marienkäferbahn schnuppern. Auch das klassische Kinderkarussell fehlt nicht. Wer sich lieber selbst bewegt, findet auf den Spielplätzen, den Trampolinen oder der Bobbycar-Rennstrecke genügend Möglichkeiten. Papas und Mamas Fitness ist beim Rudern oder Tretbootfahren auf dem schlosseigenen See gefragt. Kinder im Vor- oder Grundschulalter haben sicherlich mehr Spaß auf der Wasserrutsche, im Gruselkeller des Schlosses, in der Himmelsschaukel oder im Astronautentester.

Für die kleine Pause zwischendurch und müde Eltern gibt es zahlreiche Rastmöglichkeiten. Der Familienbetrieb wirbt außerdem

Rasante Fahrt

Schlossgeist Becki begrüßt die Besucher.

damit, dass die Kinder sich hier schnell selbst zurechtfinden. Die Eltern können sich also eine Sitzgelegenheit sichern und den Nachwuchs auf Entdeckungstour gehen lassen. Kioske und Imbissstände sorgen für Energienachschub. Einige Grillplätze gibt es auch.

Neben dem klassischen Vergnügungsparkangebot für Schönwettertage bietet Schloss Beck auch einiges für Regenwetter: Im restaurierten Wasserschloss lockt eine große Märchenausstellung, eine Spielscheune bietet Gelegenheit zum Toben und in der Fledermaushöhle verbirgt sich ein Indoor-Spielplatz.

Insgesamt geht es hier deutlich gemütlicher zu als in den großen Vergnügungsparks. Das historische Ambiente tut ein Übriges. Denn die Betreiberfamilie hat viel Zeit und Geld investiert, um das Schloss von 1771 und den umgebenden Park zu restaurieren.

Mahlzeit!

Schlossschänke

Entspannung, Getränke und gutbürgerliches Essen für müde Eltern

Adresse wie Freizeitpark
Sa./So. und in den NRW-Ferien
tägl. 11–17 Uhr, €

Extratipp!

Baumkronenpfad

Der Naturerlebnispfad ist die jüngste Attraktion im Freizeitpark Schloss Beck. Fridolin, die Fledermaus, führt Kinder und Erwachsene von Wipfel zu Wipfel. Jede Station bietet Wissenswertes über die Tiere im Wald und rund um das Schloss. Nach der Tour wissen die Besucher mehr über den Speiseplan von Fledermäusen, die im Wald wachsenden Kräuter oder den Ruf der Eule. Außerdem haben sie eine Hängebrücke, Leitern und 15 Höhenmeter gemeistert. Der Pfad ist insgesamt 200 Meter lang und führt einmal an der Spitze des Schlosses entlang. Die Nutzung ist im Eintrittspreis inbegriffen.

Adresse und Öffnungszeiten wie Freizeitpark

DRAUSSEN

#7

ab 4 Jahre

Freizeitpark Grafenmühle
Zur Grafenmühle 145
46244 Bottrop

ganzjährig tägl. geöffnet, Eintritt frei (z. T. Gebühren für Attraktionen)

Rotbachtreff
Alter Postweg 120
46244 Bottrop
Tel. (0 20 45) 36 96

März–Ende Okt. ab 10 Uhr, Nov.–Ende Febr. geschl. (Ausnahme: Bikertreffs), Eintritt frei, Minigolf: Erw. 3 €/Kind 2,50 €, Trampolin 1,50 €

Angelparadies zur Grafenmühle
Alter Postweg 127
46244 Bottrop
Tel. (0 20 45) 47 07
www.angelparadieszurgrafenmuehle.de

tägl. 6–18 Uhr, Tageskarte Erw. 25 €/ Kind pro Rute 10 €

PKW: A 2, AS Oberhausen-Königshardt, Richtung Königshardt, rechts in Fernewaldstraße, rechts in Kirchhellener Straße, weiter auf Alter Postweg, rechts in Zur Grafenmühle, Parkplätze an der Straße

(GPS 51.567750, 6.874004)

ÖPNV: Ab Bottrop Hbf. mit Bus SB 16 Richtung ZOB bis Schneiderstraße, umsteigen in Bus 251 Richtung ZOB bis Vossundern, ca. 15 Minuten Fußweg entlang der Straße „Zur Grafenmühle"

Bottrop

Grafenmühle

Einfach mal raus, spazieren gehen, entspannen, spielen, sich gemeinsam die Zeit vertreiben – dafür bietet das Freizeitzentrum Grafenmühle in Bottrop beste Voraussetzungen. Anders als der Name vermuten lässt, erwartet die Ausflügler kein durchorganisierter Park, sondern ein Naherholungsgebiet mit vielen Wander- und Fahrradwegen, in dem sich unterschiedliche Anbieter tummeln. Imbissbuden, Ponyreiten, Minigolf – da dürfte für jeden etwas dabei sein.

Die erste Anlaufstelle für Familien ist der Rotbachtreff. Für den Familienspaß gibt es hier Minigolf, einen Bogenschießstand, eine Airhockeyanlage und andere Vergnügungen, sodass es garantiert nicht langweilig wird. Eintritt wird nicht erhoben, für einzelne Attraktionen muss man aber zahlen.

Außerdem ist die Grafenmühle das perfekte Ziel für große und kleine Motorradfans. Das Naherholungsgebiet ist nämlich auch ein beliebter Bikertreff, allein zwei Anlaufstellen liegen auf dem Gelände des Rotbachtreffs. Vor allem an sonnigen Wochenenden fahren unzählige Maschinen das Freizeitzentrum an. Da gibt es eine ganze Menge zu gucken: Chromglänzende Chopper stehen

neben schnittigen Rennmaschinen, Biker in rockiger Ledermontur sitzen neben Ausflüglern im Freizeitoutfit. Diese Treffs sind ganzjährig geöffnet.

Wer es ruhiger mag, darf an der Grafenmühle auch die Angel auswerfen. Im Angelparadies zur Grafenmühle tummeln sich große Forellen, bis 95 Kilogramm schwere Störe, dicke Welse und Großkarpfen. Angeln darf hier jeder, der einen Angelschein vorweisen kann und ein Ticket löst.

Mahlzeit!

Woodpeckers Roadhouse

Typisch amerikanischer Treffpunkt auch für Biker

Zur Grafenmühle 144–147, 46244 Bottrop,
Tel. (0 20 45) 41 00 48
www.woodpeckers-roadhouse.de
tägl. 9–1 Uhr, €

Bikertreff Grafenmühle

Imbiss für hungrige Biker

Alter Postweg 148, 46244 Bottrop,
Tel. (0 20 45) 63 97
www.bikertreff-grafenmühle.de
Apr.–Ende Okt. tägl. 8–22,
Nov.–Ende März 8–21 Uhr, €

Extratipp!

Tetraeder

Rund 9 Kilometer entfernt auf der Halde an der Beckstraße in Bottrop findet sich eines der bekanntesten Wahrzeichen des Ruhrgebiets – der Tetraeder. Die fast 60 Meter hohe Pyramide aus Stahlrohren wartet nur darauf, erklommen zu werden. Von den integrierten Aussichtplattformen haben schwindelfreie Besucher einen tollen Ausblick über die Metropole Ruhr. Das ist aber nichts für Angsthasen, denn eine frei schwebende Treppe führt zur ersten Plattform, eine Wendeltreppe bis zur zweiten. Dieser Aussichtspunkt hängt wiederum an Stahlseilen. Abends wird die begehbare Skulptur beleuchtet und ist deshalb weithin zu sehen.

Tetraeder auf der Halde Beckstraße, 46238 Bottrop
ganzjährig tägl. geöffnet, Eintritt frei

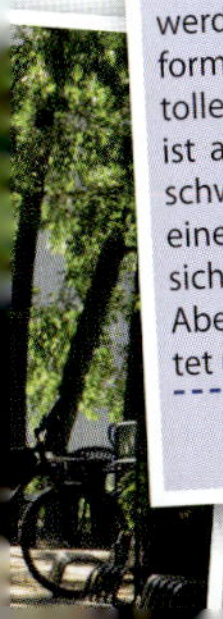

DRAUSSEN

#8

ab 6 Jahre

Movie Park Germany
Warner Allee 1
46244 Bottrop
Tel. (0 20 45) 89 98 99
www.movieparkgermany.de

Apr.–Nov. tägl. 10–18, in den NRW-Ferien 10–20 Uhr, Nov.–März geschl., Tagesticket Erw. u. Kind ab 12 Jahre 35 €/Kind (4–11 Jahre) 29 €/Kind bis 4 Jahre frei/Familie 129 €

PKW: A 31, AS Kirchhellen-Nord, Richtung Gladbeck-Zweckel/Feldhausen, auf Feldhausener Straße, weiter auf Warner-Allee, kostenpflichtiger Parkplatz

(GPS 51.622720, 6.972000)

ÖPNV: Ab Bottrop Hbf. mit Bus SB 16 Richtung Movie Park bis Movie Park Bottrop

Bottrop

Movie Park Germany

Wo tanzt Spongebob auf der Straße? Wo geben die Ninja Turtles Fahrunterricht? Und wo laden die Ice-Age-Helden Sid, Diego, Manni und Scrat zur abenteuerlichen Bootsfahrt? Klar, in Bottrop. Im Movie Park Germany dreht sich alles um das Thema Film. Große und kleine Filmfans können hier ihren Comicstars begegnen, nachgebaute Filmsets bestaunen, Polizeieinsätze in der Stuntshow verfolgen oder gemeinsam mit dem Vampirjäger Van Helsing im Indoor-Coaster durch die Dunkelheit rasen.

Bekannt ist der Park aber vor allem für seine verschiedenen Achterbahnen, die alle möglichen Bedürfnisse erfüllen – je nach Alter, Größe oder Mut. Schon die Kleineren (ab 0,95 m Körpergröße) können in Jimmy Neutron`s familienfreundlicher Achterbahn einchecken. Zu den besonderen Attraktionen zählen außerdem die Holz-Achterbahn und der MP Xpress mit zahlreichen Überschlägen.

Man braucht schon einen ganzen Tag, um alle Attraktionen auszuprobieren, verschiedene Shows anzusehen und zwischendurch noch einen Happen zu essen.

Am besten geeignet ist ein Besuch wohl für Kinder ab 7 Jahren. Zahlreiche Fahrgeschäfte haben eine Altersbeschränkung bzw. eine geforderte Mindestgröße. Es gibt allerdings auch einen Kleinkindbereich mit Mini-Freefall-Tower und weniger wilden Karussels. Die Kleinsten können außerdem in die Rolle eines Feuerwehrmannes oder Seefahrers schlüpfen.

In der Filmstadt gibt es wie in jeder anderen Stadt auch unterschiedliche Viertel, zum Beispiel den Themenbereich „Old Western", einen Hollywood Boulevard oder einen Santa Monica Pier. In jedem Themenbereich sind Restaurants, Cafés und Shops.

Mahlzeit!

Pier Side Inn

Snacks am Strandkiosk mit Seeblick mitten im Freizeitpark im Themenbereich Santa Monica Pier

Adresse und Öffnungszeiten wie Movie Park, €

Bakery

Torten, Donuts, Kaffeespezialitäten und Milchshakes auf dem Hollywood Boulevard

Adresse und Öffnungszeiten wie Movie Park, €

Im Rausch der Geschwindigkeit

DRAUSSEN

#9

Bottrop

Waldkompetenz-zentrum Heidhof

ab 6 Jahre

Waldkompetenzzentrum Der Heidhof, Ausstellung „Wald-Baum-Holz"
Zum Heidhof 25
46244 Bottrop
Tel. (0 20 45) 40 56 12
www.metropoleruhr.de

Ausstellung geöffnet Apr.–Sept. Sa./So./Feiertage 11–17 Uhr, weitere Öffnungszeiten und Führungen nach Vereinbarung, Erw. 2 €/Kind 1 €

PKW: A 2, AS Oberhausen-Königshardt Richtung Oberhausen-Königshardt/Sterkrade, rechts in Fernewaldstraße, rechts in Kirchheller Straße, weiter auf Alter Postweg, links auf Zum Heidhof, weiter bis zum Waldparkplatz

(GPS 51.595490, 6.868724)

ÖPNV: Ab Bottrop Hbf. mit Regional-Express RE 14 bis Gladbeck-West, weiter mit Bus SB 36 Richtung Bottrop bis Bottrop Schulze-Delitzsch-Straße, weiter mit Bus 269 Richtung Bottrop Schneiderstraße (Achtung: TaxiBus, mind. 30 Minuten Voranmeldung unter (0 18 02) 55 20 00) bis Bottrop Hiesfelder Straße, weiter mit Taxi, ca. 2 km

Wald, das sind einfach viele Bäume? Denkste! Im Waldkompetenzzentrum Heidhof in Bottrop-Kirchhellen wird die Natur zum Erlebnis. Früher war der Heidhof ein Bauerngehöft, heute ist er Forststützpunkt für die Kirchheller Heide. Von hier aus betreuen die Förster das Waldgebiet und die dort lebenden Tiere. Er ist aber auch Lernort für Schulklassen, Weiterbildungsakademie für Lehrer und Ausflugziel für Familien. Einen Besuch wert ist vor allem die interaktive Ausstellung „Wald-Baum-Holz" mit Hilty Holzraspels Schatzkammer, die an Wochenenden und für vorbestellte Führungen ihre Türen öffnet.

Innen gibt der Wald seine Geheimnisse preis: Unter der Erde warten Mistkäfer und Maulwürfe darauf, sich vorzustellen. Außerdem kann eine 10 Meter hohe Birke von der Wurzel bis zur Krone im wahrsten Sinne des Wortes unter die Lupe genommen werden, und lebendige Ameisen zeigen, wie fleißig sie sind. Die wichtigsten Informationen holen sich große und kleine Besucher an Erzählstationen, an Bildschirmen oder im Waldkino. Zum Schluss testen kleine Experten ihr neu erworbenes Wissen im Waldquiz – oder auch gleich vor der Tür. Wer einmal hier ist, sollte nämlich noch ein bisschen Zeit an der frischen Luft verbringen. Vielleicht zeigt sich ja

Kletterfelsen

Auch ein Ausflug mit dem Rad lohnt sich.

ein Reh oder ein Hase? Wenn nicht, macht nichts! Gleich vor der Tür finden aktive Kids den großen Naturspielplatz mit Rutschen, einem Weidentunnel, einem Bachlauf, Schaukeln und viel Platz zum Toben. Für den Ausklang des Familientages bieten sich die Grillhütten an, die man hier mieten kann. Ein kleiner Tipp: Die Förster verkaufen im Heidhof auch Grillwürstchen und Steaks aus Wildfleisch.

Mahlzeit!

Zum Alten Brunnen

Steakhaus am Rande des Naturparks mit schönem Ausblick

Alter Postweg 103, 46244 Bottrop,
Tel. (0 20 45) 41 47 19
www.zumaltenbrunnenbottrop.de
Di.–So. 12–22 Uhr, Mo. geschl., €€

Matschen und spielen auf dem Waldspielplatz.

Extratipp!

Workshops rund um den Heidhof

Das ganze Jahr hindurch bietet der Regionalverband Ruhr (RVR) Führungen und Workshops rund um den Heidhof und in der Kirchheller Heide an. Auf Wanderungen können Naturburschen zum Beispiel unter Anleitung Wildkräuter pflücken und später Seifen daraus machen.

Adresse wie Waldkompetenzzentrum,
Termine unter **www.naturerleben.metropoleruhr.de**

DRAUSSEN

#10

ab 10 Jahre

EDG Mountainbike-Arena Deusenberg
Lindberghstraße
44369 Dortmund
Kontakt über: EDG Entsorgung Dortmund GmbH
Sunderweg 98
44147 Dortmund
Tel. (02 31) 9 11 10
www.edg-mountainbike-arena.de

ganzjährig geöffnet, Eintritt frei

PKW: A 45, AS Dortmund-Hafen auf Malinckrodtstraße Richtung Stadtmitte, Ausfahrt Huckarde, rechts in Lindberghstraße, Parkplatz vor der Emscherbrücke

(GPS 51.541242,7.22214)

ÖPNV: Ab Dortmund Hbf. mit Regionalbahn RB 43 bis Bf. Huckarde, ca. 15 Minuten Fußweg entlang Mengeder Straße bis Zeche Hansa, dort in die Lindberghstraße

Dortmund

EDG Moutain-bike-Arena Deusenberg

Abenteuer auf zwei Rädern erleben Biker auf der Halde Deusenberg in Dortmund-Deusen. Denn der von Menschen aufgeschichtete, rund 30 Meter hohe Berg ist ein Eldorado für Mountainbiker. Drei so genannte Trails – also markierte Strecken – für unterschiedliche Anforderungen führen über die aufgeschichteten Plateaus der Halde. Hier kommen sowohl Anfänger als auch Könner auf ihre Kosten.

Sportliche Familien, die ihr Können erst mal testen bzw. ausbauen möchten, sind an der Basic-Strecke richtig. Auf dem Haldenplateau erwartet sie eine kleine Mondlandschaft, auf der Sprünge und Kurven geübt werden können. Ebenfalls am oberen Teil des Berges liegt die Fun-Strecke, dic noch mehr Herausforderungen bietet. Wer's kann, wagt sich auf den rund 1,4 Kilometer langen Single Trail, der kreuz und quer – und natürlich meist abwärts – über die freigegebene Haldenfläche führt. Hier geht's tatsächlich über Stock und Stein. Deshalb sind Helme und Schutzausrüstung Pflicht!

Die Strecken sind nicht bewirtschaftet, es gibt vor Ort keinen Trainer oder Guide. Deshalb: Immer schön vorsichtig und keine riskanten Manöver fahren!

Interessant ist auch die Geschichte der Halde: Entstanden ist sie nämlich

Auf der Halde Deusenberg können Biker abheben.

nicht aus Bergbauabraum, sondern aus Müll. Nachdem die Deponie Ende der 1990er-Jahre geschlossen und versiegelt worden war, entschloss sich die Entsorgungsgesellschaft, die Halde zu rekultivieren. Entstanden ist der 40 Hektar große, begrünte Deusenberg. Der Osthang wurde Spaziergängern und Radfahrern zugänglich gemacht. 2003 kamen dann die Trails speziell für Mountainbiker hinzu.

Mahlzeit!

Alte Mühle Dortmund

Panhas, Jägerschnitzel und Toast Hawaii im idyllischen Biergarten genießen

Roßbachstraße 34, 44369 Dortmund
Tel. (02 31) 39 57 86 68
www.alte-muehle-dortmund.de
Di.–Sa. 15–22, So. 11.30–22 Uhr, Mo. geschl., €

Extratipp!

Kokerei Hansa

Lässt man das Bike ausrollen, landen Ausflügler beinahe automatisch an der alten Kokerei Hansa. Die 1992 stillgelegte Anlage kann besichtigt werden. Über den Erlebnispfad „Natur und Technik" erreichen Besucher den Kohlenturm, die Ofenbatterien und die Maschinenhalle. Für Kinder gibt es einen besonderen Guide: Kokskrümel Karlchen Koks. Neben den Industrieführungen werden hier regelmäßig Führungen zur Industrienatur angeboten. Dabei erklären Fachleute, wie die Natur die ehemaligen Fabrikanlagen zurückerobert hat und zeigen die neue Heimat von Insekten, Fröschen und Pflanzen. Die Kokerei Hansa ist außerdem einer der 25 Ankerpunkte auf der Route der Industriekultur (siehe Extra S. 214).

Emscherallee 11, 44369 Dortmund, Kontakt über Stiftung Industriedenkmalpflege, Tel. (02 31) 9 31 12 20, **www.industriedenkmal-stiftung.de**, Apr.–Okt. Di.–So. 10–18, Nov.–März Di.–So. 10–16 Uhr, Eintritt frei

Früh übt sich …

DRAUSSEN

#11

Dortmund

SmartUs Lernspielplatz

ab 4 Jahre

SmartUs Lernspielplatz
Florianstraße 2
44139 Dortmund

tägl. 10–18 Uhr (Parkeingang Ruhrallee)
Spielplatznutzung frei, Parkeintritt 3 €
(Sommer), 1,50 € (Winter)

PKW: A 40/A 44/B 1, AS B 54 Richtung Hagen, AS Stadtkrone, Kreisverkehr 1. rechts, links in An der Buschmühle, Parkplatz am Park F1/F2

(GPS 51.493953, 7.470675)

ÖPNV: Ab Dortmund Hbf. mit U-Bahn U 45 oder U 49 bis Westfalenpark, Fußweg durch den Park ca. 2 Minuten

Dortmund hat einen intelligenten Spielplatz! Vor den Toren des mondo mio! Kindermuseums im Westfalenpark (siehe S. 36) lädt Kollege Computer Kinder ab 4 Jahren zum Spielen und Lernen ein. Der Spielplatz wurde als erster in Deutschland nach dem finnischen SmartUs-Konzept gebaut, das kindgerechtes Lernen mit Bewegung und Computertechnik verbinden möchte. Das sieht so aus: Eine so genannte I-Station zeigt auf dem Bildschirm die Aufgabe an, beispielsweise das Finden der richtigen Buchstaben. Diese müssen dann auf dem Hüpffeld, dem I-Grid, durch Springen aktiviert werden. Zum Spielplatz gehören außerdem Sensor-

Spielen und lernen

pfosten – so genannte Posts –, die ebenfalls mit dem Computer verbunden sind.

Spielkamerad Computer stellt die Aufgaben und wertet die Spiele aus. Weil alles intuitiv funktioniert, haben schon die Kleinsten schnell den Bogen heraus. Für sie gibt es zum Beispiel ein Tierpuzzle. Auf dem Monitor ist ein Fantasietier zu sehen, das sich die Kids einprägen müssen. Anschließend sollen sie durch Hüpfen auf die richtigen Quadrate die Form der Ohren, die Art des Schwanzes und das Beutetier wiedererkennen. Für Schnelligkeit und auf Anhieb richtige Antworten gibt es Punkte.

An jeder Station sind vier Standardlernspiele installiert. Mit der richtigen Software kann man aber auch selbst Spiele entwickeln.

Schon die Kleinsten können mitspielen.

#12

ab 3 Jahre

Zoo Dortmund
Mergelteichstraße 80
44225 Dortmund
Tel. (02 31) 5 02 85 93
www.zoo.dortmund.de

März–Okt. tägl. 9–18.30, Nov.–Feb. 9–16.30 Uhr, Erw. 8 €/Kind (4–17 Jahre) 4,50 €/Familie und Kleingruppe 18 €

PKW: A 40 Richtung Dortmund, weiter auf B 1, Abzweig B 54 Richtung A 45/ A 1 Frankfurt/Köln, AS Dortmund-Hörde auf Am Rombergpark, links in Hagener Straße, links in Mergelteichstraße, links in Hacheneyer Straße, rechts in Mergelteichstraße, mehrere ausgeschilderte Parkplätze

(GPS 51.473943, 7.466198)

ÖPNV: Ab Dortmund Hbf. mit U-Bahn U 49 Richtung Hacheney bis Endstation Hacheney oder Bus 438, 443 oder 447 bis Hacheney

Dortmund

Zoo Dortmund

Der Dortmunder Zoo hat eine prominente Bewohnerin: Sandra, die große Ameisenbärin, ist Star der „Yurumi-Gang“. Die Abenteuer des Kindertrios aus Dortmund stammen aus der Feder des Autors Bernd Gieseking. Sandra ist das Patentier der Gang und spielt in den Geschichten immer eine große Rolle. „Yurumi“ ist übrigens das indianische Wort für Ameisenbär.

Den Ruhm nimmt die große Ameisenbärin aber ganz gelassen. Sie ist sogar besonders zutraulich – vermutlich, weil sie mit der Flasche großgezogen wurde und deshalb früh Kontakt zu Menschen hatte. Sandra ist eine waschechte Dortmunderin und nicht die einzige „Eingeborene“: Seit 1976 wurden in der Ruhrgebietsstadt mehr als 50 Ameisenbären geboren. In keinem Zoo der Welt haben so viele dieser Tiere das Licht der Welt erblickt. Der große Ameisenbär ist deshalb auch das Wappentier des Dortmunder Zoos.

Einfach mal abhängen …

Der Ameisenbär ist das Wappentier des Dortmunder Zoos.

Natürlich gibt es noch viele weitere Tiere in den Gehegen. Rund 1500 in 230 Arten sind es, um genau zu sein. Bekannt ist der Zoo auch für seine Orang-Utans und seine Angola-Giraffen. Die Affen leben mit Schabrackentapiren im Regenwaldhaus „Rumah Hutan“ in einer ungewöhnlichen Wohngemeinschaft zusammen.

Für Kinder gibt es im gesamten Zoo verteilt spannende Erlebnisstationen, an denen sie sich mit den Tieren messen können. Wer kann zum Beispiel so weit springen wie ein Känguru oder so geschickt klettern wie ein Brillenbär? Dazu gibt es einen Streichelzoo und einen Spielplatz.

Mahlzeit!

Gastronomie im Zoo

Auf dem gesamten Zoogelände gibt es Imbissbuden, an denen man Snacks und Getränke kaufen kann. Mehr gibt es in der Waldschänke mitten im Park.

Adresse und Öffnungszeiten wie Zoo Dortmund, **€**

ab 3 Jahre

Freibad Wolfssee
Kalkweg 262 a
47279 Duisburg
Tel. (02 03) 72 04 05
www.freibad-wolfssee.de

Mitte Mai–Mitte Sept. tägl. 10–20 Uhr (bei Badewetter), Okt.–Apr. geschl., Erw. 4 €/Kind bis 4 Jahre frei/Kind (5–13 Jahre) 2,50 €/Jugendliche (14–17 Jahre) 3 €

PKW: A 59, AS Wanheimerort/Wedau, Richtung Wedau, links in Wacholderstraße, rechts in Kalkweg, kostenfreier Parkplatz

(GPS 51.385447, 6.799397)

ÖPNV: Ab Duisburg Hbf. mit Bus 944 und 944e Richtung Wedau bis Kalkweg

Duisburg

Freibad Wolfssee

Die Duisburger Sechs-Seen-Platte gehört zu den schönsten Naherholungsgebieten im Ruhrgebiet. Wambach-, Masuren-, Böllert-, Wildförster- und Haubachsee locken vor allem Spaziergänger, Naturliebhaber oder auch Wassersportler. Der Wolfssee – der sechste im Bunde – liegt zentral in der Mitte der Seenplatte. Er bietet den größten ausgewiesenen Badestrand des Gebietes und gilt als Paradies für Familien. Der Duisburger Schwimmverein DJK Poseidon betreibt hier ein familienfreundliches Freibad. Ein rund 450 Meter langer Sandstrand säumt den eingegrenzten Schwimmbereich, dahinter erstrecken sich Liegewiesen und Spielflächen unter schattigen Bäumen. Auf insgesamt 30.000 Quadratmetern können Badegäste die Sommersonne genießen – also auf einer Fläche von mehr als fünf Fußballfeldern.

Das Strandbad bietet einen sanften Einstieg in den Baggersee. Auf den ersten Metern ist der See so flach, dass auch Kinder noch festen Boden unter den Füßen haben. Ideal

also für einen großzügigen Nichtschwimmerbereich, der mit Schwimmbalken vom Rest des Bades abgetrennt ist. Ein Bachlauf verbindet das Kinderbad mit dem Spielplatz. Mit Bötchen, Schaufel und Eimer erleben die Kleinsten Plansch- und Matschpartys. Wer die entsprechende Ausrüstung vergessen hat, kann vor Ort Spielzeug mieten, ebenso wie Liegestühle oder Sonnenschirme.

Für größere Kinder bietet das Bad ebenfalls tolle Möglichkeiten außerhalb des Wassers: Es gibt eine Beach-Socceranlage, Beach-Volleyball- und Basketballfelder, einen kleinen Rasenplatz für Fußballspiele und Tischtennisplatten. Achtung: Das Beach-Soccerfeld muss gemietet werden, die anderen Angebote sind frei.

Das Freibad Wolfssee wurde schon mehrfach für seine hervorragende Wasserqualität ausgezeichnet.

Den Sonnenuntergang genießen Badegäste am besten an der großzügigen Strandbar. Der Beach-Club ist einer der wenigen Plätze im Ruhrgebiet, von dem aus man direkt ins Wasser springen kann.

Mahlzeit!

MiMo Beach Club

Strand, Musik, Getränke und Snacks bei Ex-Viva-Moderator Mola Adebisi

Adresse wie Freibad Wolfssee
Tel. (01 74) 5 81 87 79
www.mimobeach.de
an Sonnentagen tägl. ab 10 Uhr, **€**

DRAUSSEN

#14

ab 10 Jahre

Weiße Flotte Duisburg
Anlegestelle Schwanentor
Unterstraße
47051 Duisburg
Tel. (02 03) 7 13 96 67
www.wf-duisburg.de

Büro: Mo.–Fr. 9.30–17.30, Rundfahrten ab Schwanentor: März–Nov. tägl. 10.30, 12.45, 15, Nov./Dez. Sa./So. 12, 14.15 Uhr, Erw. 14 €/Kind (4–13 Jahre) 7 €/Familie ab 25 €

River Lady
Rheinpromenade
46487 Wesel
Tel. (02 81) 8 24 22
www.river-lady.de

Rundfahrten Erw. ab 10 €/Kind ab 6 €

PKW: A 40, AS DU-Häfen/Ruhrort/Hochfeld, Richtung Hochfeld, Ausschilderung Duisburg-Zentrum/Hochfeld folgen, Hinweisschilder Hafenrundfahrt beachten

(GPS 51.434458, 6.756468)

ÖPNV: Ab Duisburg Hbf. mit Straßenbahn 901 bis Rathaus, von dort Bus 929 und 933 bis Schwanentor

Duisburg

Hafenrundfahrt

In Duisburg-Ruhrort liegt der größte Binnenhafen Europas. Mehr als 80 Millionen Tonnen Güter werden jährlich am Zusammenfluss von Rhein und Ruhr zwischen Duisburg-Ruhrort, City und Rheinhausen umgeschlagen. Insgesamt gibt es 22 öffentliche Hafenbecken, 1350 Hektar groß ist das gesamte Gelände. Der Duisburger Hafen ist quasi das Binnentor zur Welt, denn von hier aus wird die Ware, die auch von den großen Seehäfen wie Hamburg oder Rotterdam nach Duisburg kommt, auf Binnenschiffe umgeladen oder per Lkw oder Güterzug weitertransportiert. Außerdem fungiert das Gelände als Seehafen, der von Küstenmotorschiffen angelaufen werden kann. Fast 2000 Schiffe aus aller Herren Länder legen jährlich einen Halt am „duisport“ ein.

Vom Wasser aus lässt sich das geschäftige Treiben sehr gut beobachten. Die Schiffe der Weißen Flotte Duisburg laufen mehrmals täglich zur großen Hafenrundfahrt aus. Ausgangspunkt der rund zweistündigen Touren ist die Schwanentorbrücke am Rande der Innenstadt. Von dort startet die Entdeckungsfahrt durch die Kanäle, vorbei an alten und neuen Industrieanlagen entlang der Ufer. Passiert werden auch die großen Anlagen der Sachtleben Chemie, die Aufbauten der Ölinsel und die stetig wachsenden Stapel der Schrottinsel. Die Erklärungen zum Geschehen rundherum kommen vom Band.

Beim Käpt'n auf der Brücke

Andere Ausflugsschiffe laufen den Duisburger Hafen ebenfalls an, so zum Beispiel der einzige Mississippi-Schaufelraddampfer auf dem Rhein. Der Heimathafen der River Lady liegt in Wesel. Von dort aus dampft die Südstaatenschönheit regelmäßig den Rhein hinauf. Die MS Rheinfels legt mehrmals täglich von der Schifferbörse in Duisburg-Ruhrort oder von der Anlegestelle vor dem Museum der Deutschen Binnenschifffahrt ab.

Mahlzeit!

Schiffsrestaurant

Alle Schiffe sind mit Gastronomie ausgestattet. Kalte und warme Getränke, Kuchen und kleine Speisen sind im Angebot

Adresse wie Weiße Flotte Duisburg, €

Extratipp!

Piratentour

Regelmäßig geht die Weiße Flotte auf Piratentour. Drei Stunden lang schippern die Seeräuber über den Rhein, währenddessen suchen sie den auf dem Schiff versteckten Schatz. Piratenkluft ist erwünscht, aber keine Bedingung.

Adresse wie Weiße Flotte, Termine auf Anfrage, Erw. 15 €/Kind (3–13 Jahre) 8 €

DRAUSSEN

#15

Duisburg

Kinderkarnevals-zug Hamborn

ab 5 Jahre

Kinderkarnevalszug Hamborn
Kontakt über: 1. Große KG Rot-Weiss Hamborn-Marxloh 1958 e. V.
Baustraße 45
47179 Duisburg
Tel. (02 03) 4 87 04 87
www.hamborner-karneval.de

jährlich am Karnevalssonntag, ab 14.11 Uhr, Eintritt frei

PKW: A 59, AK Duisburg Richtung Duisburg-Hamborn, links in Beecker Straße, weiter auf Rote Straße, links in Emscherstraße, rechts in Alleestraße, Parken am Fahrbahnrand

(GPS 51.489737, 6.774183)

ÖPNV: Ab Duisburg Hbf. mit Straßenbahn 903 Richtung Hamborn bis Hamborn Feuerwache, ca. 9 Minuten Fußweg entlang Alleestraße

Der Blutwurstsonntag ist in Duisburg den Kindern vorbehalten. Bevor am Rosenmontag die erwachsenen Jecken wieder das Ruder im Rheinland übernehmen, feiern kleine Karnevalsfans in Alt-Hamborn ihren tollen Tag. Rund 1000 Funkenmariechen, Musikanten und Gruppen, knapp 30 geschmückte Wagen und bis zu acht Kapellen bilden den größten Kinderkarnevalszug Europas. Unter der Führung des amtierenden Kinderprinzenpaares der Stadt Duisburg zieht der närrische Lindwurm vom Hamborner Altmarkt aus rund 7 Kilometer durch den Stadtteil. Los geht es traditionell um 14.11 Uhr.

Die Strecke säumen jedes Jahr Tausende Besucher, in erster Linie natürlich Familien und kleinere Kinder. Alkohol, Geschubse oder Gegröle gibt es hier nicht – dafür aber eine Menge kleiner Löwen, Piraten und Prinzessinnen. Auf die geht ein wahrer Bonbonregen nieder: Rund 8 Tonnen Süßigkeiten und

Duisburg Helau!

kleine Geschenke werfen die jungen Karnevalisten von ihren Wagen in die Menge.

Alle zwei Jahre bekommen die Mini-Jecken hohen Besuch. Die Blumenkönigin aus Teneriffa gibt sich die Ehre (2014, 2016 ...). Ihre Hoheit fährt dann auf einem eigenen, blumengeschmückten Wagen.

Mahlzeit!

Al-Gebra

Typisch orientalisches Restaurant für kleine Scheichs und Bauchtänzerinnen

Amsterdamer Straße 2, 47167 Duisburg,
Tel. (02 03) 5 18 55 08
www.al-gebra.de
Di.–So. ab 18 Uhr, €€

DRAUSSEN

#16

ab 4 Jahre

KinderKulturFestival Duisburg im Innenhafen Duisburg
Kontakt über: Duisburg Marketing, Festivalbüro
Landfermannstraße 6
47051 Duisburg
Tel. (02 03) 3 05 25 63
www.kinderkulturfestival.de

jährlich 9 Tage im Mai/Juni, Eintritt je nach Veranstaltung

PKW: A 59, AS Duisburg-Duissern, auf Kardinal-Galen-Straße Richtung Zentrum, weiter Richtung Stapeltor, rechts in Springwall, Parkplätze und -buchten an der Straße

(GPS 51.437825, 6.765980)

ÖPNV: Ab Duisburg Hbf. mit U-Bahn U 79 bis König-Heinrich-Platz, ca. 10 Minuten Fußweg: weiter auf Königstraße Richtung Rathaus, rechts in Am Burgacker, links in Junkernstraße, rechts in Kuhlenwall bis Springwall

Duisburg

KinderKultur-Festival

Eine Woche im Jahr dreht sich im Duisburger Innenhafen praktisch alles um den Nachwuchs. Mitten im Duisburger Innenhafen, zwischen Flaniermeile und Partygastronomie, schicken Büros und Wohnungen, Kunst und Kultur schlägt das KinderKulturFestival seine Zelte auf – und das im wahrsten Sinne des Wortes. Denn im Garten der Erinnerung stehen dann ein Theaterzelt, eine Bühne und ein Ausstellungszelt. Der Garten – eigentlich ein begehbares Kunstwerk des israelischen Künstlers Dani Karavan – ist Teil des Altstadtparks und bietet so richtig viel Platz zum Theatergucken, Ausprobieren, Spielen, Toben und Feiern.

In jedem Jahr steht das Festival unter einem bestimmten Motto: „Oh no, Mathe!" hat es schon gegeben, „Abgefahren" oder auch „Hoch hinaus". Rund um dieses Motto strickt die Stadt ein Kulturprogramm mit Mitmachausstellung, Workshops und Theatervorführungen. Vieles ist schon für Vorschulkinder geeignet, richtig interessant ist das Kulturprogramm aber vor allem für Kinder ab dem Schulalter. Für die einzelnen Veranstaltungen gibt es unterschiedliche Altersempfehlungen.

Rund um Zelt und Bühne ist an allen Tagen richtig was los: Straßenkünstler bezaubern mit Stelzenläufen, Comedy oder Akrobatik, das Spielmobil präsentiert die schönsten Outdoorspiele, Märchenerzähler plaudern aus dem Nähkästchen und das Lehmbruck Museum bringt Kunst aufs

Gerockt wird beim KinderKulturFestival auch!

Gelände. In Workshops zeigen zum Beispiel Schauspieler, wie Schattentheater entsteht, Sportler, wie man mit Pfeil und Bogen schießt oder Künstler, wie man Origami faltet. Dazu präsentieren lokale Geschäfte Spielzeug oder Bastelzubehör, der Zoo stellt sich vor und die Museen der Stadt informieren darüber, was es sonst noch so in Duisburg zu sehen gibt.

Alle Festivaltage bieten ein volles Programm. Eintritt müssen Besucher nur für die Vorstellungen im Zelt, die Ausstellung und für Mitmachaktionen wie Workshops bezahlen. Das Drumherum steht allen offen und kostet nichts.

Mahlzeit!

Dreigiebelhaus

Gehobene Küche in Duisburgs ältestem Haus

Nonnengasse 8, 47051 Duisburg,
Tel. (02 03) 2 68 59
www.dreigiebelhaus.com
Di.–Fr. 12–14.30 und ab 18 (Küche bis 21),
Sa. ab 17.30, So./Feiertage 12–15 u. ab 17.30
(Küche bis 20.30 Uhr), **€€–€€€**

Gelandet!

DRAUSSEN

#17

ab 9 Jahre

Klettergarten im Landschaftspark Duisburg-Nord
Kontakt über Deutschen Alpenverein Sektion Duisburg
Emscherstraße 71
47137 Duisburg
Tel. (02 03) 42 81 20
www.landschaftspark.de
und
www.dav-duisburg.de

Büro: Mo./Do. 16.30–19.30, Di. 9–12 Uhr, Sa./So./Mi./Fr. geschl., Klettergarten frei zugänglich, Tageskarte Erw. 8 €/Kind bis 13 Jahre 2 €/ Kind (13–17 Jahre) 3 €, Schnupperkurs p. P. 25 €

PKW: A 42, AS Duisburg-Neumühl, rechts auf Duisburger bzw. Neumühler Straße, rechts auf Emscherstraße, Parkplatz am Haupteingang

(GPS 51.481219, 6.784038)

ÖPNV: Ab Duisburg Hbf. mit Straßenbahn SB 903 Richtung Dinslaken bis Landschaftspark Nord

Es geht aufwärts.

Duisburg

Klettergarten im Landschaftspark Duisburg-Nord

Im Landschaftspark Duisburg-Nord gehen Geübte glatt die Wände hoch! Die Duisburger Sektion des Deutschen Alpenvereins hat zwischen stillgelegten Hochöfen und Erzbunker im alten Eisenhüttenwerk den wohl größten Outdoor-Klettergarten Deutschlands angelegt. Mit alpiner Ausrüstung bezwingen Kletterer hier rund 400 ausgearbeitete Routen. Da geht es schon mal senkrecht bis zur Spitze eines Schornsteins oder in 12 Metern Höhe an einer Wand entlang. Dazu gibt es auch einen alpinen Klettersteig. Anfänger haben hier genauso viel Spaß wie Profis, denn es gibt insgesamt neun unterschiedliche Schwierigkeitsgrade.

Geklettert wird ausschließlich im Vorstieg. Das heißt, ein Partner sichert den Kletterer von unten mit einem Seil. Mitglieder des Alpenvereins sind tagsüber auf dem Gelände, beantworten Fragen, helfen aus und geben Tipps. Sie kassieren auch die Klettergebühr, denn für die Nutzung des Parcours mit eigener Ausrüstung muss man sich nicht anmelden, aber vor Ort zahlen. Klar also, dass hier nur loslegen kann, wer schon ein wenig vom Klettern versteht. Für alle Anfänger bietet der Deutsche Alpenverein zahlreiche Kurse an. Für Kinder ab 9 Jahren hat der Verein spezielle Schnupperkurse im Angebot. Hier lernen sie in rund drei Stunden die

Klettern über den Köpfen der Spaziergänger

wichtigsten Techniken und bezwingen auch schon ihre erste Wand. Termine stehen auf der Internetseite.

Der Landschaftspark Duisburg-Nord ist auch außerhalb des Klettergartens einen Ausflug wert. Das Hüttenwerk ist ein Ankerpunkt auf der Route der Industriekultur (siehe Extra S. 214). Es gibt zahlreiche Führungen zur Industriegeschichte und auch zur Industrienatur. An den Wochenenden werden die alten Hallen abends farbig illuminiert – ein tolles Bild.

Mahlzeit!

Restaurant im Hauptschalthaus

Essen von der Currywurst über Himmel und Erde bis zur getrüffelten Kalbsbratwurst im Industriebunker

Emscherstraße 71, 47137 Duisburg,
Tel. (02 03) 41 79 91 80
www.hauptschalthaus.de
Di.–So. ab 11 Uhr, Mo. geschl., Weihnachten bis Neujahr geschl., **€€**

So strahlt der Landschaftspark bei Nacht.

DRAUSSEN

#18

Duisburg

Wakeboarding am Toeppersee

ab 9 Jahre

Wasserski- und Freizeitanlage Toeppersee
Lohfelder Weg 91
47239 Duisburg-Rheinhausen
Tel. (0 21 51) 40 37 47
www.toeppersee.de

Mitte Feb.–März So. 14–17, Apr. Sa./So./Feiertage 14–18, Mai–Juli Mo.–Fr. 14–Sonnenuntergang, Sa./So./Feiertage 12–Sonnenuntergang, Juli/Aug. tägl. 12–Sonnenuntergang, Sept. 14–Sonnenuntergang, Okt. Sa./So./Feiertage 14–17, Nov.–Anf. Dez. 14–17 Uhr, 1-Std.-Karte Erw. 17 €/Kinder u. Jugendliche 13,50 €

PKW: A 40 Richtung Duisburg/Venlo, AS Moers-Zentrum, Richtung Zentrum, rechts in Düsseldorfer Straße, links Richtung Duisburg/Rheinhausen in An der Coelve, rechts in Lohfelder Weg

(GPS 51.405610, 6.670030)

ÖPNV: Ab Duisburg Hbf. mit Regionalbahn RB 31 Richtung Duisburg-Rheinhausen–Moers–Xanten bis Trompet, ca. 11 Minuten Fußweg: links in Neustraße, links in An der Coelve, rechts in Lohfelder Weg

Ein See, ein Brett, eine Seilbahn – daraus wird am Toeppersee in Duisburg-Rheinhausen ein Highlight für Trendsportler. Der Baggersee hat sich in den letzten Jahren zum Eldorado für Wakeboarder und Wasserskiläufer entwickelt. Den Ausgangspunkt bildet eine Liftanlage, die rasanten Bretterspaß mit bis zu 58 Kilometern pro Stunde garantiert. Insgesamt 850 Meter lang ist der Rundkurs, Rampen und Hindernisse erhöhen den sportlichen Anspruch. Die Seilbahn ist vor allem Anziehungspunkt für Wakeboarder, die auf ihren Brettern über das Wasser gleiten wie Snowboarder über die Piste. Wie beim Snowboarden können Trendsportler mit dem Brett tolle Sprünge einüben. Für Wasserskiläufer ist der Kurs ebenfalls geeignet.

Keine Angst: Auch wer zum ersten Mal auf den Boards steht, ist am Toeppersee an der richtigen Adresse. Einmal pro Woche lernen Anfänger, dass Wasser doch Balken hat – oder zumindest Bretter. In den Ferien

Rampen sorgen für einen zusätzlichen Kick.

gibt es spezielle Kids-Camps. Wer mag, kann auch gleich die ganze Anlage samt Trainer stundenweise mieten, zum Beispiel für Kindergeburtstage. Für besonders Mutige gibt es außerdem ein riesiges Sprungkissen auf dem Wasser.

Aber auch Zuschauen lohnt sich. Denn am Toeppersee zeigen regelmäßig Profis ihr Können. Talenttouren und Wettkämpfe werden im Duisburger Westen ausgetragen.

Am See warten außerdem eine Minigolfanlage, ein PitPat-Parcours, ein Trampolinpark, Beach-Volleyballplätze und ein Bootsverleih auf Ausflügler.

Mahlzeit!

Cafeteria

Imbiss mit Sonnenterrasse direkt an der Seilbahn

Adresse wie Wasserskianlage
Mitte Feb.–März So. 10–18, Mai–Sept. tägl. 10–24, Apr. u. Okt. Sa./So./Feiertage 10–19, Nov.–Anfang Dez. So./Feiertage 10–18 Uhr, Jan.–Mitte Feb. geschl., €

Auf die Bretter, fertig, los!

DRAUSSEN

#19

ab 3 Jahre

Zoo Duisburg
Mülheimer Straße 273
47058 Duisburg
Tel. (02 03) 30 55 90
www.zoo-duisburg.de

tägl. 9 Uhr–Dämmerung, Erw. 14,50 €/ Kind (3–17 Jahre) 7 €/Familie 21,50 €

PKW: A 3 oder A 40 bis AK Duisburg-Kaiserberg, AS Kaiserberg, links in Carl-Benz-Straße, folgen bis Mülheimer Straße, mehrere ausgeschilderte Parkplätze, kostenpflichtig

(GPS 51.432899, 6.805338)

ÖPNV: Ab Duisburg Hbf. mit Straßenbahn 901 Richtung Mülheim/Zoo/Uni bis Zoo/Uni

Duisburg

Zoo Duisburg

Der Duisburger Zoo hat etwas, das in Deutschland nicht mehr oft zu sehen ist: ein Delfinarium. Der Zoo am Kaiserberg war 1965 sogar der erste im europäischen Binnenland mit einer speziellen Einrichtung für die Meeressäuger. Die Tiere werden hier nicht nur trainiert, die Experten untersuchen auch ihr Verhalten. Die Zucht von Delfinen hat sich der Zoo ebenfalls zur Aufgabe gemacht. 1978 kam hier der erste große Tümmler Deutschlands zur Welt. Weil in Gefangenschaft geborene Flipper sehr anfällig für Krankheiten sind, ist die Zucht äußerst schwierig. Mittlerweile ist der Duisburger Zoo eine echte Kapazität in Sachen Delfine. Mehrmals täglich finden Vorführungen statt, bei denen die Meeressäuger ihr Können zeigen. Das Delfinarium gilt mit rund 1200 Sitzplätzen und mehreren Becken als eines der größten überdachten Delfinarien Europas.

Noch etwas macht den Duisburger Zoo besonders: Hier leben Koalas. Das 1995 eröffnete Koalahaus war das erste in Deutschland. Die kuscheligen Baumbären sind

Das Delfinarium lockt viele Besucher.

allerdings etwas träge – vor allem kleinere Kinder verlieren deshalb schnell die Lust am Zuschauen.

Aber der Zoo hat ja auch noch zahlreiche andere Tierarten zu bieten, genauer: Hier leben fast 4700 Tiere. Bekannte Zoobewohner wie Affen, Elefanten, Giraffen und Löwen ebenso wie Lemuren, Gürteltiere, Baumkängurus oder Wombats. Ein großes Aquarium gibt es ebenfalls.

Dazu punktet der Zoo mit schönen Spielplätzen. Besonders beliebt sind das hölzerne Piratenschiff auf dem Hauptspielplatz und der Streichelzoo.

Mahlzeit!

Afrika Lounge im Zoo Duisburg

Selbstbedienungsrestaurant mit Terrasse im Afrikastil

Adresse und Öffnungszeiten wie Zoo Duisburg, **€**

Extratipp!

Nachtsafari

Zwischen Oktober und März können Kinder mit Eltern oder Großeltern auf Nachtsafari gehen. Mit der Taschenlampe machen sich die 6- bis 12-Jährigen auf, um den Zoo Duisburg im Dämmerlicht zu entdecken. Natürlich steht ihnen ein erfahrener Zooguide zur Seite. Termine finden sich auf der Internetseite des Zoos.

RWE-Familiennachtsafari, Tel. (02 03) 30 55 90, Okt.–März, buchbar über Zoo Duisburg, p. P. 13 €

DRAUSSEN

#20

Essen

Bauernhof am Mechtenberg

ab 5 Jahre

Bauernhof am Mechtenberg
Hubertus Budde und Andrea Maas
Am Mechtenberg 5
45309 Essen
Tel. (02 01) 5 58 77 26
www.bauer-budde.de

Apr.–Okt. Di.–Sa. 9–18, So. 11–18, Mo. geschl., Nov.–März Do.–Sa. 9–18, So. 14–18 Uhr, Mo–Mi geschl., Jan. geschl., Eintritt frei

PKW: A 40, AS Gelsenkirchen-Süd, auf B 227 Richtung Gelsenkirchen-Süd, weiter auf B 227/Halterner Straße, links Richtung Am Mechtenberg, rechts weiter auf Am Mechtenberg Parkplatz am Hof

(GPS 51.480769, 7.099127)

ÖPNV: Ab Gelsenkirchen Hbf. mit S-Bahn S 2 Richtung Essen bis Gelsenkirchen-Rotthausen, ca. 25 Minuten Fußweg bis Bauernhof am Mechtenberg: rechts in Memeler Straße, rechts in Chaudronstraße, weiter auf Mechtenbergstraße, rechts in Am Mechtenberg

Lust auf eine Landpartie? Dann ab nach Essen. Ja genau, in die zweitgrößte Stadt der Metropole Ruhr. Denn hier im Landschaftspark Mechtenberg, am Fuß eines der wenigen echten Berge des Ruhrgebiets, liegt der Hof von Bauer Budde. Hier finden Ausflügler alles, was zum echten Landleben gehört: Hühner, Ziegen, Kühe, Heu, weite Wiesen und bunte Felder. Der Bauernhof am Mechtenberg ist rundum auf kleine Gäste eingestellt. Highlight für den Nachwuchs sind sicherlich die Heuballen, die zum Klettern einladen. Auch der Streichelzoo lockt. Trettraktoren und ein riesiger Sandkasten sorgen dafür, dass niemand mit sauberen Sachen nach Hause kommt. Papa und Mama entspannen derweil im Hofcafé bei selbst gebackenem Kuchen oder einem herzhaften Bauernfrühstück.

Wer wissen will, was man eigentlich mit Rüben oder Kresse macht, kann auf dem Hof

Im Hofcafé gibt es Kaffee und Kuchen.

Mahlzeit!

Hofcafé

Im umgebauten Pferdestall wird gemütlich getafelt

Adresse und Öffnungszeiten wie Bauernhof, €

Kochkurse belegen. Regelmäßig bietet Bauer Budde gemeinsam mit Profiköchen Kurse für Kinder oder auch für Erwachsene an. Kinder ab 6 Jahren lernen hier zum Beispiel, was eine Rübe ist: Wie sie riecht, wie sie schmeckt und wie man sie zubereitet. Ganz nebenbei vermitteln die Köche dabei auch die Grundzüge gesunder und ausgewogener Ernährung. Zum Einsatz kommen immer frische heimische Zutaten, die gerade Saison haben.

Der Bauernhof liegt im Landschaftspark Mechtenberg im Städtedreieck Gelsenkirchen, Essen und Bochum. Das überwiegend landwirtschaftlich genutzte Areal wird seit den 1990er-Jahren für Ausflügler erschlossen. Es gibt eine Menge Rad- und Wanderwege. Der bekannteste ist der Emscher Park Radweg.

DRAUSSEN

#21

ab 5 Jahre

Welterbe Zollverein, Ruhr.Visitor.Center/ Besucherzentrum Ruhr
Kohlenwäsche, Schacht XII
Gelsenkirchener Straße 181
45309 Essen
Tel. (02 01) 24 68 10
www.zollverein.de

tägl. 10–18, Familienschicht: Apr.–Okt. Sa. 13, So./Feiertage 11, 13, Nov.–März So. 11 Uhr, Erw. 9 €/Kind (5–17 Jahre) 4 €/Familienticket 20 €

PKW: A 42, AS Gelsenkirchen-Heßler/Essen-Katernberg, auf Schalker Straße Richtung Katernberg, weiter auf Katernberger Straße, rechts auf Schonnebeckhöfe, rechts auf Bullmannaue, Parkplätze rund um das Areal

(GPS 51.486651, 7.045257)

ÖPNV: Ab Essen Hbf. mit Straßenbahn 107 bis Zollverein

Auf der Spur der Kohle

Essen

Familienschicht auf dem Welterbe Zollverein

Die Zeche Zollverein in Essen gehört seit 2001 zum Weltkulturerbe der UNESCO. Damit steht sie in einer Reihe zum Beispiel mit den Pyramiden von Gizeh oder der Oper von Sydney. Mehr als 900 Natur- und Kulturdenkmäler tragen weltweit diesen Titel. Zollverein gilt als das Wahrzeichen des Ruhrgebiets, und der Förderturm ist mit Sicherheit das am häufigsten fotografierte Motiv der Region. Klar, dass es hier eine Fülle von Angeboten gibt, die die Geschichte des Ruhrgebiets, des Bergbaus und der Zeche zum Thema haben. Vor allem an den Wochenenden finden Familien mit Kindern tolle Erlebnistouren und Mitmachangebote.

Der Klassiker ist die Familienschicht. Bei der Erlebnisführung über den Denkmalpfad müssen sich Papa, Mama und der Nachwuchs als Bergleute beweisen. Der Guide übernimmt die Rolle des Steigers, erklärt die einzelnen Stationen und leitet die Familien im Duell um die Kohleförderung an. Denn Ziel der Mitmachführung ist es, so viel Kohle wie möglich zu fördern. Dazu müssen auch Fragen aus dem Püttalltag beantwortet werden. Geeignet ist das Angebot für Kinder ab 5 Jahren.

Der Denkmalpfad zeichnet den Weg der Kohle auf Zollverein nach. Er kann auch außerhalb der Führungen besucht werden.

Bei der Kinderführung gibt es viel zu entdecken.

An jedem ersten Samstag im Monat leitet ein echter Bergmann Führungen für Kinder. Er zeigt den kleinen Besuchern seine alte Arbeitsstätte aus seinem ganz persönlichen Blickwinkel. Außerdem hat er viele spannende Geschichten und Anekdoten aus der alten Zeit auf Lager. Die Führungen eignen sich für Kinder zwischen 6 und 13 Jahren.

Weitere tolle Touren über das Welterbe kann man individuell buchen. Informationen gibt es im Ruhr.Visitor. Center auf dem Gelände.

Das Welterbe Zollverein ist ein Ankerpunkt der Route der Industriekultur (siehe Extra S. 214).

Mahlzeit!

Café Kohlenwäsche

Über die große beleuchtete Rolltreppe geht's zu Snacks und Kuchen in der alten Kohlenwäsche

Zeche Zollverein Kohlenwäsche, Ebene 24, Gelsenkirchener Straße 181, 45309 Essen
Tel. (02 01) 8 68 77 02
www.imhoff-essen.de
tägl. 10–18 Uhr, €

Extratipp!

Spielorte auf der Zeche Zollverein

Nach der Führung locken die Spielorte auf der Zeche Zollverein: das Labyrinth der verborgenen Schätze am Stellwerkgarten, die Bühne im Kokereigarten, der Sandplatz auf der Kokerei, der sich zum Beispiel prima für ein Beach-Volleyballspiel eignet, oder auch der Stellwerkgarten – hier gibt es für jeden etwas zu entdecken und zu erleben. Entstanden sind diese Spielorte 2006/07 im Rahmen des Projektes „Die Wildnis vor der Haustür", das von der NRW-Stiftung Natur – Heimat – Kultur gefördert wurde. Die Ideen zu den einzelnen Spielorten stammen von Kindern und Jugendlichen aus dem Essener Norden, bei der Umsetzung wurden sie von Landschaftsplanern und Künstlern unterstützt.

Spielorte auf der Zeche Zollverein, Areal A (Schacht XII), Gelsenkirchener Straße 181, 45309 Essen, Tel. (02 01) 24 68 10, **www.zollverein.de,** durchgängig geöffnet, Eintritt frei

DRAUSSEN

#22

ab 6 Jahre

Hespertalbahn e.V.
Postfach 150223
45242 Essen
Tel. (02 01) 4 08 56 19
www.hespertalbahn.de

Mai–Dez. Sa./So./Feiertage, Fahrten lt. Programm, Jan.–Apr. kein Fahrbetrieb, einfache Fahrt: Erw. 2,40 €/Kind 1,70 €, Mitfahrten auf der Lok: 3 € (Diesellok)/6 € (Dampflok)

PKW: B 227 in Richtung Velbert, AS Essen-Heisingen, Richtung Heisingen auf Wuppertaler Straße, links in Kampmannbrücke, weiter bis zum Alten Bahnhof Essen-Kupferdreh, Parkplatz am Bahnhof

(GPS 51.392988, 7.078154)

ÖPNV: Ab Essen Hbf. mit S-Bahn S 9 bis Essen-Kupferdreh, ca. 5 Minuten Fußweg entlang der Straße bis zum Alten Bahnhof Kupferdreh

Essen

Hespertalbahn

Eine Zeitreise ins Preußische Reich unternehmen Ausflügler auf der Strecke der Hespertalbahn in Essen-Kupferdreh – und das auch noch unter Dampf. Auf der Strecke der ehemaligen Zechenbahn Pörtingsiepen dampft heute eine Museumsbahn entlang des Baldeneysees. Die Strecke verläuft vom Alten Bahnhof Kupferdreh bis zum Haus Scheppen am Ufer des Stausees. Von der industriellen Vergangenheit ist hier heute kaum noch etwas zu sehen. Im Gegenteil, die historische Bahn dampft durch eine idyllische Landschaft. Schon der Bahnhof versetzt die Ausflügler in alte Zeiten: Fast 220 Jahre hat der Königlich Preußische Bahnhof zu Kupferdreh schon auf dem Buckel. Heute wirkt das hübsche Backsteingebäude eher wie ein Landhaus. Hier startet die Dampflok ihre Fahrt zum See. Dabei geht es so gemütlich zu, dass ab und zu Radfahrer die Bahn überholen, die nur mit etwa 15 Kilometern pro Stunde unterwegs ist. Rund 20 Minuten

dauert die Fahrt bis zur Endhaltestelle Haus Scheppen am See. Unterwegs gibt es nur einen Halt: die alte Zementfabrik. Hier können Ausflügler zu- oder aussteigen, die die Strecke bis zum Alten Bahnhof Kupferdreh auf dem ausgeschilderten Wanderweg zurücklegen möchten.

Der Verein Hespertalbahn hat eine historische Dampflok und zwei Dieselloks für den Museumsbahnbetrieb aufgearbeitet. Welche Bahn gerade im Einsatz ist, steht jeweils im Fahrplan. Wer mag (und ein Extra-Ticket löst), kann sogar vorn beim Lokführer mitfahren. Alle anderen nehmen in den historischen Personenwagen Platz.

Mahlzeit!

Lukas

Kneipe, Biergarten und Open-Air-Kino im Alten Bahnhof Kupferdreh

Prinz-Friedrich-Platz 1, 45257 Essen,
Tel. (02 01) 84 83 53
www.lukas-essen.de
Mo.–Fr. 12–1, Sa./So./Feiertage 10–1 Uhr, €

Extratipp!

Sonderfahrten

Das ganze Jahr über veranstaltet der Verein Hespertalbahn Sonderfahrten. Besonders beliebt sind die Nikolausfahrten in der Vorweihnachtszeit. Rund eine Stunde tuckert die bunt geschmückte Bahn über die Strecke. Unterwegs steigen der Nikolaus und Knecht Ruprecht zu. Sie nehmen Wunschzettel entgegen und verteilen Nikolaustüten. Im September gibt es einen speziellen Kindertag mit vielen Aktionen für kleine Fahrgäste.

Weitere Informationen auf der Internetseite
www.hespertalbahn.de, Adresse wie Hespertalbahn

DRAUSSEN

#23

ab 6 Jahre

Seaside Beach Baldeney GmbH
Freiherr-vom-Stein-Straße 384
45133 Essen
Tel. (02 01) 4 90 60 90
www.seaside-beach.de

Mai–Sept. tägl. ab 10 Uhr, bei schlechtem Wetter geschl., Okt.–Apr. geschl., Erw. 3 €/Kind bis 5 Jahre frei/ Schüler bis 12 Jahre 2 €

Segway: Seg-Events
Döckelhorst 27
46238 Bottrop
Mobil: (01 76) 64 65 93 09
Tel. (0 20 41) 3 90 78 00
www.seg-events.de

Termine auf Wunsch, Segway-Schnupperkurs 5 €

Naturseilgarten: Seaside Beach Climbing
Freiherr-vom-Stein-Straße 384
45133 Essen
Mobil: (01 70) 5 75 90 96
www.seaside-beach-climbing.de

Erw. 15 €/Kind bis 11 Jahre 8,50 €/Kind ab 12 Jahre 12,50 €/Familie 32 €

PKW: A 52, AS Essen-Rüttenscheid/ Bredeney, auf Alfredstraße B 224 Richtung Werden, am Hinweisschild „Baldeneysee" rechts in Freiherr-vom-Stein-Straße, Beschilderung „Seaside Beach Baldeney" folgen

(GPS 51.407336, 7.018065)

ÖPNV: Ab Essen Hbf. mit S-Bahn S 6 bis Hügel, Treppe hinunter, an der Hauptstraße links

Essen

Seaside Beach Baldeney

Ein Tag am Strand gefällig? Kein Problem: Mitten im Ruhrgebiet, in der Ruhrmetropole Essen, lockt der Baldeneysee als größter der sechs Ruhrstauseen. Am Nordufer tobt das Leben: Auf dem Gelände des ehemaligen Freibads Baldeney ist ein großer Strand mit Bars, Grillplätzen, Partys und trendigen Aktivangeboten entstanden, der Seaside Beach Baldeney. Wenn das Wetter mitspielt, kann Mallorca einpacken. Die 65.000 Quadratmeter große Strandanlage bietet quasi den Pauschalurlaub am See. Langeweile kann hier gar nicht erst aufkommen, mit dem Eintritt ins Strandgelände eröffnen sich zahlreiche Aktivangebote.

Feinster, heller Sand bedeckt den rund 250 Meter langen Uferabschnitt, Palmen beschatten die aufgestellten Liegestühle. Aber vor dem Chillen kommt die Action: Schwindelfreie Kurzurlauber können zum Beispiel den Naturseilgarten testen. Drei Parcours, ein spezieller Kinderparcour und ein Kletterturm führen in luftige Höhen.

Ein wenig weiter warten Segways auf geschickte Fahrer. Für Anfänger gibt es einen Schnupperkurs im Lenken der wendigen Elektroroller. Nach einer Unterweisung kann das Gefährt gleich über fünf Runden auf dem Parcours getestet werden. Fortgeschrittene können sich allein auf die Strecke wagen oder eine Rundfahrt starten.

Ballsportler powern sich auf fünf Beach-Volleyballfeldern und einer Fußballwiese aus, außerdem stehen Tischtennisplatten

Fast wie auf Mallorca

zur Verfügung. Diese Angebote sind im Eintrittspreis enthalten. Für alle Fans der kleinen Bälle gibt es noch einen Minigolfplatz.

Auch Tauchen oder Surfen stehen auf dem Stundenplan: Zwei Schulen bieten hier Kurse an. Sie vermieten Kajaks und Kanadier, mit denen Paddler vom Strand aus zur Rundtour aufbrechen.

Bei so viel Bewegung ist eines übrigens nicht möglich: ein Bad im Baldeneysee. Das Schwimmen ist hier nämlich verboten.

Der Tag klingt am schönsten in einem der Liegestühle oder in der Hängematte aus. Für die Privatparty eignen sich die überdachten Grillplätze mit Bar, Kühlschrank und Tischen, die gemietet werden können. Wer lieber entspannen möchte, lässt einfach die Profis der Gastronomie grillen.

Mahlzeit!

Bahia Bar

Gegrilltes, Sandwiches und Snacks an der Strandbar genießen

Adresse und Öffnungszeiten wie Seaside Beach Baldeney, €

Nur für Schwindelfreie: der Naturseilgarten

DRAUSSEN

#24

ab 5 Jahre

Kinderland im Nordsternpark
Der Ziegenmichel e. V.
Eggemannstraße 51
45883 Gelsenkirchen
Tel. (02 09) 3 61 64 90
www.kinderland-gelsenkirchen.de

PKW: A 42, AS Gelsenkirchen-Zentrum, auf Grothusstraße Richtung Horst, links in Wallstraße, Parkplatz Amphitheater (Wallstraße 52)

(GPS 51.524734, 7.039310)

ÖPNV: Ab Gelsenkirchen Hbf. mit Bus SB 36 oder 383 Richtung Bottrop bis Nordsternpark

Gelsenkirchen

Kinderland im Nordsternpark

Früher Zeche, heute Park – im Ruhrgebiet findet man in fast jeder größeren Stadt solche umgewandelten Industrieareale. Der Nordsternpark in Gelsenkirchen ist so eines. Früher malochten hier die Kumpel der Zeche Nordstern, nach der Zechenschließung wurde das Gelände 1997 für die Bundesgartenschau fein gemacht. Zum Glück, denn heute ist der Park ein tolles Freizeitziel mit großen Rasenflächen, Sportangeboten, Kunst, Amphitheater – und einem richtigen Kinderland. Im Bereich südlich des Rhein-Herne-Kanals haben die jungen Besucher ihr eigenes Reich.

Absolutes Highlight ist der große Wasserspielplatz. Kinder ab 5 Jahren können im Stocherkahnteich mit Holzbottichen in See stechen oder mit einer Fähre übersetzen. Wasserbecken mit unterschiedlichen Fontänen bieten an heißen Tagen Abkühlung. Gleich nebenan lockt ein Spielplatz mit Wasserpumpen, Matschtischen, Rutschen und Klettergerüsten. Wer die passenden Schaufeln oder Eimer vergessen hat, klopft einfach in der „Zentrale“ des Kinderlandes an: In dem Haus mitten im Spielbereich kann kostenlos Sand- und Wasserspielzeug ausgeliehen werden. Außerdem haben die Mitarbeiter Bälle, Schläger, Netze und Paddel sowie Trikes im Angebot. Sie basteln auch mit den Kindern, bieten Abenteuerspiele oder Führungen an.

Extratipp!

Deutschlandexpress

Eisenbahnfans kommen im Nordsternpark ebenfalls auf ihre Kosten. Hier ist der Deutschlandexpress zu bestaunen – eine Modellbahnanlage, die die Fahrt von der Nordsee bis zu den Alpen nachstellt. Mehr als 4 Kilometer Gleise wurden verlegt, 60 Brücken gebaut, 250 Züge kommen zum Einsatz. Es gibt auch eine Anlage zum Anfassen und Selberfahren.

Am Bugapark 1 c, 45899 Gelsenkirchen, Tel. (02 09) 5 08 36 60, **www.der-deutschlandexpress.de**, Di.–Do. für Gruppen auf Anfrage, Fr.–So. 10–18 Uhr, Mo. geschl., in den NRW-Ferien tägl. geöffnet, Erw. 6,90 €/Kind bis 6 Jahre 1 €/Kind (6–16 Jahre) 4 €/Familie 15 €

Im Spielhaus können Eimer, Schaufeln und andere Geräte ausgeliehen werden.

> **Mahlzeit!**
>
> **Integrationscafé im Kinderland**
>
> Vollwertige Snacks und Gemüse aus dem eigenen Biogarten
>
> Adresse wie Kinderland, tägl. 10–18 Uhr, €

Kinder sollen im Nordsternpark aber vor allem die Natur entdecken. Dazu hat das Kinderland einige Angebote im Programm. Auf der anderen Seite des Kanals befindet sich zum Beispiel ein großer Biogarten, in dem es immer etwas zu entdecken gibt. Nicht weit entfernt liegt der Ziegenmichelhof mit weiteren spannenden Angeboten rund um den Bauernhof. Auf dem Lehr- und Lernbauernhof können Eltern und Kinder das Landleben erkunden, Brot backen, reiten oder am Umweltprogramm teilnehmen.

DRAUSSEN

#25

Gelsenkirchen

ZOOM Erlebniswelt

ab 3 Jahre

ZOOM Erlebniswelt Gelsenkirchen
Bleckstraße 64
45889 Gelsenkirchen
Tel. (02 09) 9 54 50
www.zoom-erlebniswelt.de

Apr.–Sept. tägl. 9–18.30, März/Okt. tägl. 9–18, Nov.–Febr. 10–17, Heiligabend/ Silvester 10–14, Rosenmontag 9–18 Uhr, Tageskarte Erw. 19,50 €/Kind (4–12 Jahre) 12,50 €, ermäßigter Eintritt an Erlebnis- oder Familientagen

PKW: A 42, AS Gelsenkirchen-Schalke, Richtung Gelsenkirchen-Buer, weiter auf Alfred-Zingler-Straße, rechts in Parallelstraße, weiter auf Grimbergstraße, links in Bleckstraße, ausgeschilderte Parkplätze, 3,50 € Gebühr

(GPS 51.542430, 7.109243)

ÖPNV: Ab Gelsenkirchen Hbf. mit Straßenbahn 301 bis ZOOM Erlebniswelt oder Bus 342 bis ZOOM Erlebniswelt

Wo geht das schon: In Gelsenkirchen bereisen Ausflügler an einem Tag drei Kontinente. Die ZOOM Erlebniswelt Gelsenkirchen führt Zoobesucher durch die Tierwelt von Afrika, Asien und Alaska. Die Lebenswelten der Bewohner sollen in diesem Zoo der besonderen Art so lebensecht wie möglich nachempfunden werden. Das Konzept ist europaweit einmalig. ZOOM gilt als die einzige, konsequent naturnah gestaltete zoologische Erlebniswelt. Mehr als 900 Tiere in über 100 Arten leben hier.

Für Löwen, Zebras, Springböcke, Schimpansen und ihre Nachbarn wurden die afrikanischen Gras- und Feuchtsavannen und der Regenwald ins Ruhrgebiet geholt. Auf fast 14 Hektar erstrecken sich die Lebensräume der Tiere, inklusive Dschungelhalle und kleinem See. Auf dem können Besucher sogar eine Bootstour unternehmen, die sie zum Greifen nah an der Affeninsel vorbeiführt.

Afrika liegt in Gelsenkirchen.

Käfige suchen Tierfans auch in der Erlebniswelt Asien vergebens. Der Ferne Osten wird hier durch Bambuswälder, Gras- und Steppenlandschaften lebendig. In den Gehegen fühlen sich Orang-Utans, Kleine Pandas und Trampeltiere wie zu Hause. Auch die imposan-

ten Sibirischen Tiger haben ihr Revier in der Asien-Erlebniswelt. Besucher können sich dies alles aus luftiger Höhe anschauen: Ein Baumwipfelpfad mit Aussichtsplattformen führt Neugierige in knapp 6 Metern Höhe über die Gehege im Tropenhaus.

Die Erlebniswelt Alaska vereint auf einem 6 Hektar großen Areal verschiedene Vegetationszonen der nordamerikanischen Region: von den Küstenregenwäldern über die Tundra und die felsigen Berglandschaften bis hin zur Polarregion. Hier leben u. a. Kodiakbären, Elche, Eisbären und Wölfe.

Kinder, die nach dem Besuch bei den Orang-Utans Lust haben, selbst mal ein bisschen zu toben, haben mit dem Drachenland im ZOOM die richtige Anlaufstelle. Der Indoor-Spielplatz ist mit Baumhütten, Klettertrapezen, einem Schiff und vielen weiteren Spielmöglichkeiten ausgestattet.

Zweites Ziel für Familien mit Kindern ist der Grimberger Hof. Hier gibt es einen Streichelzoo und einen Kletterspielplatz. Weitere Spielplätze locken auf den einzelnen Kontinenten.

Mahlzeit!

Sechs unterschiedliche ...

... Gastronomien im Stil der jeweiligen Erlebniswelt lassen Hunger und Durst vergessen

Adresse und Öffnungszeiten wie ZOOM Erlebniswelt, **€–€€**

DRAUSSEN

#26

ab 9 Jahre

Wildwasserpark Hohenlimburg
Freiheitsstraße 3
58119 Hagen
Kontakt über: Kanu-Club Hohenlimburg
Tel. (01 70) 3 50 88 33 oder
Servicezentrum Sport der Stadt Hagen
Tel. (0 23 31) 2 07 51 04
www.kc-hohenlimburg.de

März–Okt. Mo.–Fr. 17–21, Sa./So./Feiertage 9–19 Uhr u. nach Vereinbarung, Tagesticket Erw. 11 €/Jugendliche 6 €

PKW: A 46 Richtung Iserlohn, AS Hagen-Hohenlimburg, rechts auf L 674, rechts in Iserlohner Straße/B 7, links in Grünrockstraße, links in Preinstraße, links in Freiheitsstraße, großer Parkplatz am Vereinsheim

(GPS 51.351103, 7.566974)

ÖPNV: Ab Hagen Hbf. mit Bus SB 71 oder 518 bis Haltestelle Bürgeramt Hohenlimburg

Hagen

Lenne-Wildwasserpark Hohenlimburg

In Hagen-Hohenlimburg wird die Lenne wild. Gleich hinter dem Rathaus der kleinen Stadt im Nordosten des Ruhrgebiets wirbelt und schäumt das ansonsten ruhige Flüsschen. Nicht ganz freiwillig, denn vor rund 40 Jahren haben die Kanusportler der Stadt ihre Hausstrecke als Slalomparcours gestaltet. Heute ist der 300 Meter lange Lenne-Wildwasserpark Hohenlimburg eine anerkannte internationale Wettkampfstrecke für Kanusportler. Kanuten und solche, die es werden wollen, sind hier willkommen. Aber auch für Zuschauer ist ein Besuch interessant. Schließlich ist die Strecke Austragungsort nationaler und internationaler Titelkämpfe – angefangen bei deutschen Meisterschaften bis hin zum Europacup und der Olympiaqualifikation. Daneben nutzen die deutschen, aber auch Spitzensportler aus dem benachbarten Ausland die Strecke des Olympiastützpunkts zu Trainingszwecken. So kann man hier durchaus amtierende oder

Auch Zuschauen macht hier Spaß.

ehemalige, vielleicht künftige Europa- oder Weltmeister treffen.

Oberhalb der Wettkampfstrecke gibt es einen Flachwasserparcours, der sogar für Anfänger geeignet ist. Auch unterhalb ist das Wasser zwar bewegt, aber für Einsteiger zu bewältigen. Die Strecke ist für jedermann geöffnet, jährlich kommen bis zu 3000 nicht vereinsgebundene Kanuten. Sie kann wochentags kostenlos genutzt werden. An Wochenenden erhebt der Verein, der die Strecke unterhält, Gebühren.

Wer das Paddeln im Wildwasser einmal ausprobieren möchte, sucht sich am besten ein passendes Angebot bei einem der zahlreichen Tourveranstalter an der Lenne heraus. Bei den geführten Touren fährt ein erfahrener Kanute mit, der an schwierigen Abschnitten Hilfestellung leistet.

Auch der Kanuverein Hohenlimburg bietet Schnupperkurse im Wildwasserpark an und stellt die Ausrüstung dafür zur Verfügung.

Mahlzeit!

Olive

Griechisches Essen im Fachwerkhaus

Gaußstraße 10, 58119 Hagen,
Tel. (0 23 34) 81 77 17, Mo.–Sa. 17–23, So. 12–15 u. 17–23 Uhr, €

Die Lenne

DRAUSSEN

#27

ab 8 Jahre

LWL-Freilichtmuseum Hagen, Westfälisches Landesmuseum für Handwerk und Technik
Mäckingerbach
58091 Hagen
Tel. (0 23 31) 7 80 70
www.lwl-freilichtmuseum-hagen.de

Apr.–Okt. Di.–So./Feiertage 9–17.30 Uhr, Mo. geschl., Erw. 7 €/Kind bis 6 Jahre frei/Schüler 2 €/Familie 15 €

PKW: A 45, AS Hagen-Süd, Richtung Breckerfeld auf Volmeabstieg, links in Volmetalstraße/B 54, AS Hagen-Eilpe, rechts in Eilper Straße, links in Selbecker Straße, Parkplätze am Museum

(GPS 51.335107, 7.476462)

ÖPNV: Ab Hagen Bf. mit Bus 84 Richtung Kierspe/Feuerwehrgerätehaus oder 512 Richtung Hagen-Selbecke bis Freilichtmuseum

Hagen

LWL-Freilicht-museum Hagen

„Das ist ja der Hammer!" Im LWL-Freilichtmuseum Hagen zeigen Handwerker, wie das Werkzeug vor Hunderten von Jahren eingesetzt wurde. Die gleichnamige Führung ist nur eine von diversen Kinderangeboten, mit denen das Museum den Nachwuchs auf Zeitreise schickt. Geschichte soll im Mäckingerbachtal nicht vermittelt, sondern erlebt werden. Mehr als 60 historische Betriebe und Werkstätten sind auf dem riesigen Gelände verteilt. Hier schürt jeden Tag der Schmied das Feuer, schlägt der Seiler seine Taue oder setzt der Bäcker seinen Teig an. Rund 20 Betriebe nehmen täglich ihre Arbeit auf und zeigen, wie Handwerk vor 100 oder 200 Jahren ausgesehen hat. In den Fachwerkhäusern werden Nägel geschmiedet, wird Öl gepresst, werden Buchseiten gedruckt, Löffel geschnitzt oder Zigarren gerollt. Die Handwerker lassen sich gern bei der Arbeit über die Schulter schauen und beantworten geduldig Fragen.

Das Museumsdorf setzt sich aus zwei größeren Siedlungen zusammen. Im unteren Teil wird der Schmiedehammer

Im Freilichtmuesum wird Geschichte lebendig.

in verschiedenen Werkstätten geschwungen. Im oberen Teil sind alte Kaufmannshäuser, eine Bäckerei, ein Kolonialwarenhandel, eine Schnapsbrennerei oder auch ein Wirtshaus angesiedelt.

In speziellen Kinderführungen erkunden junge Museumsbesucher das Dorf und die alten Handwerkskünste. An jedem zweiten Sonntag im Monat stehen offene Führungen für Kinder ab 8 Jahren auf dem Programm. Dabei steht jeweils ein Handwerk im Mittelpunkt – wie die Schmiedekunst in der Führung „Das ist ja der Hammer!“. Die Touren dauern rund eine Stunde.

Noch näher dran sind Besucher bei den Mitmachprogrammen, die an jedem Sonntagnachmittag angeboten werden. Familien lernen zum Beispiel, wie man Papier schöpft, Kornkaffee röstet oder Getreide mahlt. Aktuelle Informationen zum Programm stehen auf der Internetseite des Museums.

Gruppen können Mitmachaktionen oder Führungen auch individuell buchen.

Nach der harten Arbeit entspannen kleine Handwerker auf dem großen Spielplatz.

Mahlzeit!

Museumsterrassen

Moderne Speisen in historischem Dorfambiente

Adresse und Öffnungszeiten wie LWL-Freilichtmuseum, Tel. (0 23 31) 7 01 00

www.museumsgaststätten.de

€–€€

Kinder dürfen selbst Hand anlegen.

DRAUSSEN

#28

ab 6 Jahre

Holzkohlemeiler in der Haard
Waldparkplatz Dachsberg
Zum Dachsberg
45721 Haltern-Flaesheim
www.metropoleruhr.de

jährlich ab 1. Mai, Eintritt frei

PKW: A 52, Richtung Gelsenkirchen-Scholven/Marl, auf L 612, rechts in Flaesheimer Straße, rechts in Zum Dachsberg, folgen bis Wanderparkplatz

(GPS 51.712484, 7.229883)

ÖPNV: Ab Haltern am See Bf. mit Bus 288 bis Stiftsplatz, ca. 10 Minuten Fußweg bis Zum Dachsberg

Haltern

Holzkohlemeiler

Einmal im Jahr wird die Haard bei Haltern zum Schauplatz von 2000 Jahre altem Handwerk. Ein Köhler zeigt, wie in wochenlanger Arbeit aus Holz Holzkohle entsteht. Dazu kommen täglich Schaulustige zum Meilerplatz im 5500 Hektar großen Waldgebiet am nördlichen Rand des Ruhrgebiets. Der Waldeigentümer, der Regionalverband Ruhr (RVR), lässt eigens einen Köhler aus dem Harz kommen und stellt Meilerplatz und Holz zur Verfügung. Es gibt nämlich nicht mehr viele Menschen, die das Köhler-Handwerk beherrschen.

Der Experte schichtet nun zunächst in mehreren Tagen einen Kohlemeiler auf. Dazu wird Holz kegelförmig und dicht aufeinandergelegt und mit Erde, Gras und Moos bedeckt. Traditionell zündet er ihn am 1. Mai mit dem Trinkspruch „Gut Brand!" an. Nun muss das Holz rund zwei Wochen „kokeln" – also langsam und stetig glimmen. Der Köhler campiert während dieser Zeit am Meiler, denn er ist verantwortlich dafür, dass nicht zu viel Sauerstoff in das glimmende Holz gerät. Ausgehen darf der Meiler natürlich auch nicht. Immer wieder bohrt der Köhler deshalb Löcher in den Meiler, prüft, lüftet, verschließt wieder. Bei allen Tätigkeiten lässt er sich gern über die Schulter schauen.

Daneben gibt es ein buntes Programm am Meilerplatz. Der Köhler und die Förster der

Extratipp!

Waldspielplatz in der Haard

Die Haard ist ein beliebtes Naherholungsgebiet. Es bietet sich an, die Umgebung bei einem ausgedehnten Waldspaziergang zu erkunden. Ein schönes Ziel ist der Waldspielplatz am Dachsberg, nur einen Steinwurf vom Meilerplatz entfernt. Spielgeräte in Tierform, kleine Zwergenhütten und Infotafeln zur Sagenwelt der Haard warten auf kleine Naturfreunde.

Adresse wie Holzkohlemeiler, tägl. geöffnet, Eintritt frei

Haard erzählen Geschichten am Lagerfeuer, in einer mittelalterlichen Schmiede wird alte Handwerkskunst gezeigt und ein Kindertheater macht jedes Jahr hier Station.

Nach knapp drei Wochen wird der Holzkohlemeiler abgelöscht. Die gewonnene Holzkohle soll wegen des hohen Kohlenstoffgehalts besonders gute Brenneigenschaften haben. Die Kohle wird säckeweise am Forsthof in der Haard verkauft.

Übrigens gibt es auch einen Happen zu essen. Der Köhler persönlich grillt Würstchen. Kaffee und Kuchen sind auch im Angebot.

ab 2 Jahre

Freizeitpark Ketteler Hof
Rekener Straße 234
45721 Haltern am See
Tel. (0 23 64) 34 09
www.kettelerhof.de

April–Mitte Okt. tägl. 9–18 Uhr, Erw./Kind (ab 2 Jahre) 12 €

PKW: A 43, AS Lavesum Richtung Reken auf Sythener Straße, weiter auf Rekener Straße, Parkplatz am Hof

(GPS 51.779258, 7.130671)

ÖPNV: Ab Haltern Bf. mit Bus 275 bis Ketteler Hof

Haltern

Ketteler Hof

Das Wetter ist schön, die Familie hat einen ganzen Tag Zeit, der Picknickkorb ist gepackt – ideale Voraussetzungen für einen Besuch des Ketteler Hofs in Haltern. „Mitmacherlebnispark" nennen ihn die Betreiber, und das stimmt: Auf dem riesigen Areal stand im 19. Jahrhundert tatsächlich mal ein Bauernhof, aber schon seit den 1950er-Jahren ist der Ketteler Hof ein Ausflugsziel. Seitdem wird der Erlebnispark ständig erweitert und verbessert. Mittlerweile existieren 32 Spielbereiche mit diversen Kletter-, Spiel- und Tobemöglichkeiten. Es gibt so viele unterschiedliche Angebote, dass sich hier wirklich alle Altersklassen zwischen 2 und 12 Jahren wohlfühlen. Die Eltern natürlich auch, denn sie können sich auf den Bänken und in den Ruhezonen zurücklehnen und die Kinder toben lassen.

Zu den Attraktionen zählen die rasante Sommerrodelbahn und die Schlauchbootwasserrutsche. Der Ketteler Hof ist aber auch für seinen Waldlehrpfad bekannt. Immerhin liegt der Erlebnishof mitten im Naturschutzgebiet Hohe Mark. Da bietet es sich an, den Besuchern auch etwas über den umgebenden Wald zu vermitteln. Dabei kommt der Spaß natürlich nicht zu kurz, denn die Waldforscher müssen an mehr als 30 Stationen tasten, lauschen, beobachten, riechen, balancieren und klettern, um alle Naturgeheimnisse zu entdecken.

Für die Kleinsten gibt es ein ganzes Wichteldorf mitsamt Zwergenexpress. Auch ein

Hier ist viel Platz für Abenteurer.

Kletterspielplatz mit bewusst niedrig gehaltenen Geräten wartet auf kleine Entdecker. Mindestens im Kindergartenalter sollten die Besucher des hölzernen Märchenschlosses sein. In dem bunten Bau warten die Helden aus den Vorlesebüchern auf kleine Gäste.

Größere Kinder fühlen sich bestimmt im Kletterhafen wohl, der wie eine eigene Kinderstadt aus dem See des Ketteler Hofes ragt. Selbst 12-Jährige haben hier noch ihren Spaß. Auch der Seilwald, der die Kids hoch unter die Baumwipfel führt, fordert ältere Kinder heraus.

Mahlzeit!

Landgasthof Peters Bauernstube

Drinnen Schnitzel und Spanferkel, draußen Reibekuchen nach Hausmacherart

Lavesumer Straße 256, 45721 Haltern am See, Tel. (0 23 64) 41 67

www.peters-bauernstube.de

Mi.–So. 9–19 Uhr, Mo./Di. geschl., **€€**

Spaß im Wichteldorf

DRAUSSEN

#30

ab 4 Jahre

Naturwildpark Granat
Granatstraße 626
45721 Haltern-Lavesum
Tel. (0 59 75) 9 35 37
www.naturwildpark.de

ganzjährig geöffnet, tägl. 10–18, Heiligabend/Silvester 10–16 Uhr, Erw. 5 €/Kind (2–12 Jahre) 3 €

PKW: A 43, AS Haltern auf B 58 Richtung Wesel/Wulfen, rechts in Granatstraße, Parkplatz am Park

(GPS 51.779029, 7.097780)

ÖPNV: Ab Haltern Bf. mit Bus 275 bis Ketteler Hof, von dort Fußweg ca. 35 Minuten über ausgeschilderte Wanderwege oder Taxi

Haltern

Naturwildpark Granat

Einmal mit den Wölfen um die Wette heulen – das geht sogar im Ruhrgebiet. In Haltern, ganz am nördlichen Rand der Metropole Ruhr, liegt der Naturwildpark Granat. Auf mehr als 600.000 Quadratmetern tummeln sich heimische Tiere wie Rehe und Hirsche, Mufflons, Wildschweine, Luchse, Wildkatzen, aber eben auch Wölfe. Das Besondere: Anders als im Zoo laufen die Tiere hier in riesigen Freigehegen zwischen Wald und Wiesen herum. Die Besucher sind deshalb nicht nur Zuschauer von außen, sondern mittendrin. Die Gäste des Wildparks wandern auf ausgeschilderten Wegen durch die Natur und begegnen dabei den Wildtieren. Einige Arten sind natürlich trotzdem eingezäunt. Das Zusammentreffen von Wolf und Mensch könnte sonst doch gefährlich werden.

Verantwortungsbewusstsein bei den Gästen ist Voraussetzung dafür, dass Mensch und Tier sich hier weitgehend frei begegnen können. Vor allem, wenn die Tiere Nachwuchs haben, sind sie scheu oder auch angriffslustig. Es versteht sich von selbst, dass die Wildtiere nicht erschreckt oder gejagt werden.

Neben den heimischen Tieren leben im Naturwildpark Granat übrigens einige exotische Arten, darunter dem Lama verwandte Guanakos, Kängurus oder Nandus, die den Straußen ähneln. Dazu gibt es ein Feuchtbiotop, in dem Frösche, Wasserschildkröten und Fische zu Hause sind.

Auf Tuchfühlung mit den Tieren

Platz zum Toben ist ebenfalls ausreichend vorhanden. Klettertürme, Seilbahnen, Rutschen und Co. bringen die jungen Parkbesucher auf dem Spielplatz in Bewegung. Für den schnellen Snack zwischendurch finden sich überall im Park Picknicktische, der Kiosk hält Würstchen, Eis und Getränke bereit.

Der Naturwildpark Granat ist das ganze Jahr hindurch geöffnet. Schließlich sind die Tiere ganzjährig aktiv. Besonders interessant ist es natürlich zur Balz- und Paarungszeit bzw. wenn Nachwuchs zu sehen ist. Aktuelle Informationen dazu stehen auf der Internetseite.

Füttern erlaubt!

DRAUSSEN

#31

ab 3 Jahre

Maximilianpark Hamm
Alter Grenzweg 2
59071 Hamm
Tel. (0 23 81) 9 82 10-33
www.maximilianpark.de

Okt.–März tägl. 10–19, Apr.–Sept. tägl. 9–21 Uhr, Kassenschluss jeweils 2 Std. zuvor, Erw. 4,50 €/Kind 3 €/Familie 13 €

PKW: A 2, AS Hamm auf B 36, Richtung Arnsberg/Werl, links B 63 folgen, rechts in Dr.-Loeb-Caldenhof-Straße, rechts in Caldenhofener Weg, rechts in Birkenallee, geradeaus auf Soester Straße, rechts in Ostwennemarstraße, rechts auf Grenzweg, kostenfreie Parkplätze

(GPS 51.683635, 7.884505)

ÖPNV: Ab Hamm Bf. mit Bus 1, 3, 6, 28 oder 33 bis Maximilianpark

Hamm

Maximilianpark

Erst Zeche, dann Landesgartenschau, jetzt grüne Oase – der Maximilianpark Hamm hat schon einiges gesehen. So viele Kinder wie heutzutage aber bestimmt noch nie. Denn der Park auf dem ehemaligen Gartenschaugelände in Hamm ist ein wahres Spielplatz-Eldorado. In Sachen Klettern, Toben und Spielen ist der Maxi-Park spitze. Auf dem 22 Hektar großen Gelände gibt es acht ganz unterschiedliche Spielbereiche.

Abenteurer steuern besonders gern die alte Mine an. Sind im Sand etwa echte Schätze versteckt? Wer durch den Stollengang von der Einsiedlerhütte bis zum Keller des Förderturms alles untersucht, wird vielleicht fündig. Da zum Schürfen Wasser nötig ist, gibt es ausreichend viele Pumpen und Rinnen für alle Goldgräber.

Ein Renner ist auch das Piratenschiff, das am Ufer des Sees liegt. Es sieht aus, als wäre es gerade gestrandet, und warte auf mutige Eroberer. Am großen Steuerrad, an der Wasserkanone oder in der einladenden Hängematte testen die kleinen Besucher das aufregende Piratenleben.

Klettermaxe bevorzugen den Dschungelspielpatz. Tarzanfans schwingen hier an Seilen von Station zu Station, klettern über Netze in die Wipfel oder balancieren über den Fluss – direkt vor der Nase des (Holz-) Krokodils! Den Eingang zum Spielplatz mar-

Immer in Bewegung bleiben!

kieren übrigens ganz stilecht vier Elefantenstoßzähne (natürlich keine echten!). Abkühlung finden Dschungelabenteurer nach der anstrengenden Expedition im Tal der Tausend Wasser. Auf dem großen Matsch- und Buddelplatz bleibt kein Auge (und keine Hose) trocken. Es empfiehlt sich, Wechselsachen einzupacken.

Zusätzlich gibt es noch einen Spielplatz direkt am begehbaren Glaselefanten, eine Mini-Eisenbahn, Kletternetze, einen Grillplatz und natürlich das Schmetterlingshaus (siehe S. 82), in dem unzählige tropische Falter frei umherflattern.

Mahlzeit!

Werkstatt

Speisen und Getränke in der alten Werkstatt oder bei gutem Wetter auf der Seeterrasse

Alter Grenzweg 2, 59071 Hamm,
Tel. (0 23 81) 4 93 98 68
www.maxi-gastro.de
tägl. 13–17 Uhr, €

Das Wahrzeichen des Parks: der Glaselefant

Extratipp!

Glaselefant

Einen tollen Blick über den Park und die Umgebung hat man von der Aussichtsplattform des Glaselefanten aus. Der Aufzug führt durch den Rüssel in 35 Meter Höhe. Zu Füßen des Kolosses befindet sich ein Garten mit kinetischen Objekten, die sich auf Knopfdruck in Bewegung setzen.

Adresse und Öffnungszeiten wie Maximilianpark, Besuch im Parkeintritt enthalten

DRAUSSEN

#32

ab 6 Jahre

Wasserski Hamm
Sundernstraße 10
59071 Hamm
Tel. (0 23 88) 30 38 25
www.wasserski-hamm.de

März–Mai Mo.–Fr. 16–Sonnenuntergang, Sa./So./Feiertage ab 14, Juni–Aug. Mo.–Fr. 15–20, Sa./So./Feiertage 12–20, Sept. Mo.–Fr. ab 15, Sa./So. ab 14 Uhr, Nov.–Febr. geschl., Wasserski: 2-Std.-Anfängerkurs Erw. 34 €/Kind bis 16 Jahre 28 €, Wakeboard: 2-Std.-Anfängerkurs Erw. 42 €/Kind bis 16 Jahre 36 €

PKW: A 2, AS Hamm-Uentrop, links in Dolberger Straße, rechts in Lippestraße, links in Sundernstraße, Parkplatz an der Anlage

(GPS 51.698372, 7.915783)

ÖPNV: Ab Hamm Hbf./Willy-Brandt-Platz Hamm mit Bus 33 bis Sundernstraße, Fußweg zur Wasserski-Seilbahn

Hamm

Wasserski Haarener See

Wer immer schon mal übers Wasser laufen wollte, ist am Haarener See in Hamm genau richtig. Das geht hier sogar richtig flott, nämlich mit bis zu 30 Kilometern pro Stunde. Der Baggersee im Hammer Stadtteil Haaren verfügt über eine gut ausgestattete Wasserski- und Wakeboardanlage samt Badebucht mit Strandbad. 750 Meter lang ist die Seilbahn, mit deren Hilfe die Brettsportler über die Wasseroberfläche jagen. Die Fünf-Mast-Anlage ist vor allem für Anfänger gut geeignet, da die Kurven nicht so steil gefahren werden. Wakeboarder haben hier ihren Spaß, weil die Halteseile kurz gehalten und so die Sprünge für die diversen Kunststücke der Boarder leichter auszuführen sind. Für kleinere Kinder gibt es eine Mini-Seilbahn, die ihnen die Möglichkeit bietet, erste Erfahrungen auf den Brettern zu sammeln.

Am besten nehmen sich Anfängerfamilien zwei bis drei Stunden Zeit, um die Grundlagen des Wasserskifahrens oder Wakeboardens zu lernen. Erfahrene Trainer vor Ort vermitteln in Einzelkursen oder bei Anfängerstunden im öffentlichen Bahnbetrieb das nötige Wissen und Können. Dazu gibt es mehrere Möglichkeiten: Im Sommer findet an jedem Sonntag ein offener Kurs statt, für den man sich lediglich einen Tag zuvor anmelden muss. Der Kurs dauert zwei Stunden, die gesamte Ausrüstung wird zur Verfügung gestellt. Für Wakeboard-Fans gibt es

ebenfalls Kurse. In den Sommermonaten werden sie mehrfach pro Woche angeboten.

Kurzentschlossene können mithilfe eines Trainers auch jederzeit einsteigen. Dann wird aber im öffentlichen Betrieb gefahren – anstellen und warten an belebten Tagen inklusive.

Wer sich mit mehreren Familien zusammentut, kann Bahn und Trainer gleich für einige Stunden mieten. Das ist die exklusivste Variante.

Fortgeschrittene, die keinen Trainer benötigen, kaufen einfach eine Stundenkarte für die Bahn und können starten.

Nach so viel Action lohnt sich eine Auszeit im angeschlossenen Strandbad. Am Sandstrand oder auf der Liegewiese lässt es sich hervorragend relaxen. Auch hier ist für die kleinen Gäste gesorgt: Ihnen steht eine eigene Flachwasserzone zum Planschen zur Verfügung. Zum Austoben gibt es zwei Beach-Volleyballplätze.

Mahlzeit!

Strandkiosk

Klassischer Imbiss mit Biergarten am See

Adresse und Öffnungszeiten wie Wasserskianlage, €

DRAUSSEN

#33

ab 3 Jahre

Lebendiger Adventskalender am Rathaus Hattingen
Untermarkt
45525 Hattingen

1.–23. Dez. tägl. 16, 24. Dez. 11 Uhr, kostenfrei, Infos über Hattingen Marketing
Haldenplatz 3
45525 Hattingen
Tel. (0 23 24) 95 13 95

www.hattingen-marketing.de

PKW: A 43 Richtung Wuppertal/Witten, AS Witten-Herbede Richtung Hattingen, rechts in Wittener Straße, weiter auf Blankensteiner Straße, weiter auf Schulstraße, rechts in Augustastraße Richtung Altstadt, Parken im Altstadt Parkhaus Augustastraße

(GPS 51.399421, 7.184410)

ÖPNV: Ab Essen Hbf. S-Bahn S 3 bis Hattingen-Mitte, rechts in Große Weilstraße, über Reschop Carré Platz, links in Gelinde, rechts in Untermarkt, ca. 4 Minuten Fußweg

Hattingen

Lebendiger Adventskalender mit Frau Holle

Wo wohnt eigentlich Frau Holle? Ganz klar: in Hattingen! Zumindest während der Adventszeit. In den vier Wochen vor Weihnachten schüttelt die sympathische Dame nämlich täglich ihr Federbett über dem Untermarkt in der Altstadt aus. Sehr zur Freude der Kinder, denn außer Federn schneit es auch noch Süßigkeiten. Dazu erzählt Frau Holle eine vorweihnachtliche Geschichte. Wer da nicht in Weihnachtsstimmung kommt, ist selbst schuld.

Eingeläutet wird die Märchensaison traditionell am 1. Dezember mit einer Parade durch die Altstadt. Mit einer Kutsche wird Frau Holle durch die Gassen zwischen den historischen Fachwerkhäusern bis zum Alten Rathaus gebracht. Zwei schwarze Friesenpferde geleiten die Dame, begleitet wird sie außerdem von einem „Hofstaat", der aus Nikoläusen, Schneemännern, Engelchen und

Musikern besteht. Kleine Zaungäste können hier auf Süßigkeiten hoffen.

Dann bezieht Frau Holle ihr Domizil im Alten Rathaus. Die weihnachtlich geschmückten Fenster des Fachwerkhauses bilden einen überdimensionalen Adventskalender. Insgesamt 24-mal öffnet sich eines und Frau Holle waltet ihres Amtes. Dabei hält sie sich strikt an ihren Zeitplan: Täglich um 16 Uhr schüttelt sie ihr Federbett aus. Nur am Heiligen Abend muss sie sich sputen – und die Zuschauer auch. Dann öffnet Frau Holle ihr Fenster schon um 11 Uhr morgens.

Nicht nur wegen Frau Holle lohnt sich der Besuch im vorweihnachtlichen Hattingen. Ebenfalls empfehlenswert ist ein Bummel über den nostalgischen Weihnachtsmarkt auf dem Kirchplatz gleich gegenüber dem Alten Rathaus. Hier gibt es noch ganz traditionell Apfel, Nuss und Mandelkern zu kaufen statt Hamburger und Handyhüllen. Die Kinder kommen ebenfalls auf ihre Kosten. Ein Märchenwald entführt sie in die Welt der Gebrüder Grimm. Wer noch Zeit und Muße hat, kann den Ausflug mit einem Besuch im Museum Burg Blankenstein (siehe S. 88) verbinden. Für das LWL-Industriemuseum Henrichshütte Hattingen sollte man etwas mehr Zeit einplanen (siehe S. 182).

Hattinger Weihnachts-...

Mahlzeit!

Café am Alten Rathaus

Uriges Café in der Altstadt

Haldenplatz 9, 45525 Hattingen, Tel. (0 23 24) 5 22 88, Mo.–Fr. 10–20, Sa. 9–20, So./Feiertage 11–19 Uhr, €

... impressionen

Extratipp!

Hattingen-App

Ganz zeitgemäß können sich Besucher auch von einer Hattingen-App durch die Stadt navigieren lassen. Ein automatischer Audioguide ist ebenfalls dabei – wenn man zum Beispiel vor dem Rathaus steht, wird die entsprechende Ansage von selbst abgespielt. Die App kann über die App-Stores von Apple und Google heruntergeladen werden.

DRAUSSEN

#34

ab 9 Jahre

Querfeldeins
Fleherweg 87
45279 Essen
Tel. (02 01) 8 57 95 00
www.querfeldeins.org

Abfahrt von Schleusenstraße, 45525 Hattingen

Touren buchbar von Mai–Okt., p. P. ab 28 €

PKW: A 40, AS Bochum-Wattenscheid/West Richtung Hattingen, auf Berliner Straße, weiter auf Zeppelindamm, auf Munscheider Damm, auf Wuppertaler Straße, links in Cliff, rechts in Ruhrdeich, rechts in Am Wallbaum, rechts in Schleusenstraße, Parkplatz

(GPS 51.403199, 7.170923)

ÖPNV: Ab Essen Hbf. S-Bahn S 3 bis Hattingen Bf., Fußweg ca. 5 Minuten: Bahnhofstraße bis Bochumerstraße, rechts auf Fußweg zu den Ruhrauen

Hattingen

Picknickfloß auf der Ruhr

Das hört sich nach einem Familienausflug für echte Abenteurer an: eine Flusstour auf einem selbst gebauten Floß! Erst wird gemeinsam gewerkelt, dann schippern die wilden Kerle und Gören den Fluss hinab und unterwegs gibt es noch ein zünftiges Flussfahrerpicknick. Wer Papas technischen Fähigkeiten nicht ganz vertraut, bucht das Abenteuer am besten bei den Profis. Querfeldeins bietet das Picknickfloß mit Fahrt auf der Ruhr für Gruppen bis acht Personen zu frei buchbaren Terminen an. Der Clou: Wer fahren will, muss sich sein Floß erst einmal bauen.

Bei der Ankunft am Hattinger Flussufer wartet schon ein kompletter Bausatz auf die Floßfahrer. Ein erfahrener Guide gibt Tipps und wenn nötig Hilfestellung beim Aufbau. 15 bis 30 Minuten soll das dauern – alle, die schon einmal ein Regal aus dem Möbelhaus aufgebaut haben, wissen, dass sich so etwas länger hinziehen kann! Aber keine Angst: Der Guide steht ja mit Rat und Tat zur Seite. Er sorgt auch dafür, dass die Flussfahrer ihren Eigenbau sicher die Ruhr hinuntersteuern können.

Die Ruhr ist ein gemächlicher Fluss, sodass die Tour für Anfänger leicht zu bewältigen ist. Zwischendurch muss kräftig gepaddelt werden, damit es vorwärts geht. Wenn die Arme lahm werden, ist es Zeit für ein ent-

Mit Kind und Kegel auf der Ruhr.

spanntes Picknick. Das müssen die Floßbauer allerdings selbst mitbringen, ebenso wie die individuelle Ausstattung des Floßes, also Decken, Kissen, Geschirr und so weiter. Alkohol und Glasflaschen sind übrigens tabu.

Rund drei Stunden dauert die Tour. Ziel ist Bochum-Dahlhausen. Hier geht die Gruppe an Land. Das Floß wird wieder abgeholt, und die ganze Gruppe kann per Straßenbahn zurück nach Hattingen fahren.

Mahlzeit!

Fabbrica Hattingen

Gepflegtes und modernes italienisches Restaurant mit Herz für Kinder

Bahnhofstraße 79, 45525 Hattingen,
Tel. (0 23 24) 99 99 55
www.fabbrica-hattingen.de
Di.–Do. 17–23, Fr. 17–24, Sa. u. vor Feiertagen 16–24, So. u. an Feiertagen 10–23 Uhr, Mo. geschl., **€–€€**

Hier wird „gepicknickt".

DRAUSSEN

#35

ab 5 Jahre

LWL-Industriemuseum Henrichshütte
Werkstraße 31–33
45527 Hattingen
Tel. (0 23 24) 9 24 70
www.henrichshuette-hattingen.de

Di.–Do. u. Sa./So./Feiertage 10–18, Fr. 10–20 Uhr, Erw. 4 €/Kind (6–17 Jahre) 1,50 €/Familie 9 €, am 1. Freitag in ungeraden Monaten Eintritt frei

PKW: A 40, AS Bochum-Wattenscheid West, Richtung Bochum-Höntrop/ Hattingen, rechts in Berliner Straße, weiter auf Zeppelindamm, auf Munscheider Damm, Abzweigung rechts in Wuppertaler Straße, links in Cliff, links in Ruhrdeich, rechts in Ruhrallee, 2. Kreisverkehr 1. Ausfahrt auf Werksstraße, rechts in Henrichsallee, kostenlose Parkplätze

(GPS 51.408164, 7.188326)

ÖPNV: Ab Hattingen-Mitte mit Bus CE 31 Richtung Bochum Hbf. bis Henrichshütte Hattingen

Hattingen

Spielplatz Eisenherstellung im Industriemuseum

150 Jahre lang wurde auf der Henrichshütte in Hattingen Stahl gekocht, Eisen gegossen und Metall gewalzt. Mehr als 10.000 Menschen haben zu den Hoch-Zeiten der Stahlproduktion hier malocht. Heute sind der älteste erhaltene Hochofen in der Metropole Ruhr und die Hallen ein Teil des Industriemuseums, das anschaulich zeigt, wie hier Eisen und Stahl produziert wurden.

Zum Museum gehört der bundesweit einmalige Hüttenspielplatz. Kinder ab 5 Jahren schlüpfen hier in die Rolle der Stahlkocher und bedienen einen Miniaturhochofen. Der Ofen bleibt dabei natürlich kalt. Stattdessen schaffen die kleinen Stahlkocher Kies hinauf in den Trichter, von dort rutscht er durch den Hochofen bis zum Abstichloch. Hier befördern die kleinen Hochöfner ihr „Eisen" aus Kies durch die Rinnen in der Abstichhalle. Am besten gelingt die schwere Arbeit im Team, denn der Hochofen mit dem Aufzug lässt sich nur von mehreren Helfern bedienen. Der Spielplatz ist für Museumsbesucher frei zugänglich. Außer dem Hochofen gibt es auch noch eine Riesenrutsche und einen Sandkasten.

Wer aber mehr über den Ablauf am Hochofen wissen möchte, sollte eines der museumspädagogischen Programme

Stimmungsvolle Beleuchtung am Hochofen.

Maskottchen Ratte zeigt, wo es langgeht.

Mahlzeit!
Henrichs
Edel speisen in der Gebläsehalle
Adresse wie LWL-Industriemuseum,
Tel. (0 23 24) 68 59 63
www.henrichs-restaurant.de
Di.–So. 12–24 Uhr, Mo. geschl., €€€

buchen. Dabei werden die Kinder dann auch wie echte Stahlwerker mit Helm und Kittel ausgestattet.

Eine wichtige Rolle spielt das Museumsmaskottchen Ratte. Das führt die Kinder nämlich Schritt für Schritt durch das Industriemuseum. Es gibt spezielle „Rattenführungen“, bei denen auch einiges ausprobiert werden darf. Spannend sind zudem die Familienführungen „Nachts im Museum“, bei denen die Henrichshütte in der Dunkelheit mit Helmlampen erkundet wird.

Hier wird malocht.

DRAUSSEN

#36

ab 4 Jahre

Familienpark im Revierpark Gysenberg
Am Revierpark 40
44627 Herne
Tel. (0 23 23) 6 45 13
www.gysenberg.de
und
www.familienparkherne.de

Apr.–Okt. tägl. ab 10 Uhr, Okt.–März nach Witterung, Eintritt frei, Geräte per Münzeinwurf 0,50 € und 1 €

PKW: A 42, AS Herne-Börnig, auf Sodinger Straße Richtung Bochum, links in Am Revierpark, Parkplätze am Park

(GPS 51.532291, 7.253659)

ÖPNV: Ab Herne Bf. mit Bus 321, 323 oder 333 bis Gysenbergpark/LAGO

Herne

Familienpark im Revierpark Gysenberg

Hier haben schon ganze Generationen von Eltern und Kindern ihre Freizeit verbracht: 1970 wurde in Herne der erste von insgesamt fünf Revierparks gegründet, damit die schwer arbeitenden Ruhrgebietler mal im Grünen ausspannen können. Seit dieser Zeit hat sich nicht nur die Natur kräftig weiterentwickelt, sondern auch das Freizeitangebot im Park. Mitten in der 34 Hektar großen Naturoase wartet der „Familienpark Start und Ziel“ auf Erlebnishungrige. Gemeinsam spielen und toben oder sich per Karussell in Bewegung bringen lassen – im Familienpark geht beides. Familien können beim Minigolf den Champion ausspielen, mit dem hydraulischen Bagger Gruben ausheben oder mit Wasserpistolen Bälle ins Ziel schießen. Sie fahren Rennen auf der Go-Kart-Bahn, holen sich bei der Fahrt im Nauticjet nasse Füße, sausen auf einem Teppich die Wel-

lenrutsche hinunter oder toben sich auf dem Trampolin aus. Die meisten Angebote sind schon für kleinere Kinder geeignet. Richtig Spaß macht es aber erst, wenn die Kinder sich frei bewegen können, also ab etwa 4 Jahren. Viele Aktivitäten sind kostenlos, die Geräte funktionieren per Münzeinwurf.

Neben dem Familienpark gibt es im Gysenbergpark auch einen Streichelzoo, Kinderspielplätze, eine große Spiel- und Liegewiese und eine kleine Eisenbahn. Sportlich geht es in der Bogenschießanlage, am Kletterturm, in der Beach-Arena und auf dem Tennisplatz zu. Auch hier sind die meisten Angebote kostenlos.

Mahlzeit!

GYGA Pizza Toni

Typische Pizzeria im Freizeithaus des Gysenbergparks

Adresse wie Revierpark Gysenberg, tägl. 11–24 Uhr, €

Extratipp!

LAGO Therme

Zu jedem Revierpark gehört auch ein Bad. Die LAGO Therme im Gysenbergpark bietet mehrere warme Solebecken (innen und außen), eine große Saunawelt, Sprudelbecken, ein großzügiges Wellenbad und Wellnessangebote. Wer es quirliger mag, ist in den Wasserwelten im Außenbereich richtig. Drei Außenbecken bereiten Schwimmvergnügen. Eine 112 Meter lange Rutsche sorgt für einen spritzigen Einstieg ins Wasser. Bis auf das Schwimmerbecken sind alle Außenbecken ganzjährig geöffnet.

Adresse wie Revierpark Gysenberg, Tel. (0 23 23) 96 92 00, **www.gysenberg.de**, Mo.–Do./So. 8–23, Fr./Sa. 8–24 Uhr, Heiligabend/Neujahr geschl., 2-Std.-Ticket Erw. 5,50 €/Kind (4–15 Jahre) 3,50 €/Familie 8,50 €

DRAUSSEN

#37

ab 7 Jahre

LWL-Museum für Archäologie, Westfälisches Landesmuseum Herne
Europaplatz 1
44623 Herne
Tel. (0 23 23) 94 62 80
www.lwl-landesmuseum-herne.de

GrabungsCAMP: Mai–Aug. So. 14 u. 16, Erw. 7 €/Kind (6–17 Jahre) 3 €/ Familie 15 €,

Museum: Di./Mi./Fr. 9–17, Do. 9–19, Sa./ So./Feiertage 11–18 Uhr, Mo. geschl., Weihnachten, Silvester, Neujahr geschl., Erw. 5 €/Kind 2 €/Familie 11 €

PKW: A 43, AS Herne-Eickel, Holsterhauser Straße Richtung Innenstadt, links auf Berliner Platz, rechts in Museumsstraße

(GPS 51.536696, 7.224642)

ÖPNV: Ab Herne Bf. mit U-Bahn U 35 Richtung Bochum bis Archäologie-Museum/Kreuzkirche

Herne

GrabungsCAMP im LWL-Archäologiemuseum

In den Sommermonaten wird am LWL-Museum für Archäologie tief gegraben. In der warmen Jahreszeit schlägt das GrabungsCAMP seine Zelte vor den Toren des Museums auf. Dann zieht es aktive Museumsbesucher nach draußen, denn hier können Hobby-Archäologen selbst Hand anlegen. Die Museumsmacher lassen einen idealtypischen Ausgrabungsort entstehen, an dem Laien mit Kelle, Pinsel und Messgeräten die Vergangenheit erkunden. Sie lernen, wie eine Ausgrabung funktioniert und mit welchen Methoden Wissenschaftler arbeiten. Dabei wirkt die überdachte Ausgrabung wie aus dem echten Wissenschaftlerleben gegriffen. Es gibt verschiedene Ebenen, in denen sich Relikte unterschiedlicher Epochen finden.

Hier graben Besucher nach Relikten.

Mitglied des Archäologen-Teams können Kinder und Erwachsene nur im Rahmen einer begleiteten Führung oder eines Workshops werden. „Wild graben“ ist nicht erlaubt. Bei den Mitmachgrabungen erklären Experten jeden Arbeitsschritt und leiten die Teilnehmer an. Entsprechende Gruppenprogramme kann man buchen. Für Familien gibt es am Wochenende offene Mitmachgrabungen. Eltern und Nachwuchs lernen dann

gemeinsam den Archäologen-Alltag kennen. In den NRW-Sommerferien finden zudem spezielle Kindercamps für Kids ab 10 Jahren statt. Weil es nur ein begrenztes Platzangebot gibt, sollten sich Familien vorher anmelden.

Auch innerhalb des Museums können Besucher auf Entdeckungsreise gehen: In einer unterirdischen Ausstellungshalle wartet eine Grabungslandschaft darauf, entdeckt zu werden. Im Geröll des Areals lassen sich zum Beispiel ein 250.000 Jahre alter Faustkeil, Bronzeschmuck einer Frau aus der vorchristlichen Zeit oder ein zerschmetterter Puppenkopf aus dem Zweiten Weltkrieg finden. Insgesamt bietet das Museum für Archäologie eine spannende Reise durch 250.000 Jahre Menschheitsgeschichte.

An jedem ersten Sonntag im Monat ist Familiensonntag. Da gibt es dann viele Mitmachaktionen für Kinder, während die Eltern allein die Ausstellung erkunden.

Mahlzeit!

MuCa

Mittagstisch, hausgemachter Kuchen und eine Überraschung nach Vorlage der Eintrittskarte

Adresse wie LWL-Museum für Archäologie, Tel. (0 23 23) 3 98 00 75, Di.–So. 11–1 Uhr, Mo. geschl., €

Extratipp!

Forscherlabor

Das Museum für Archäologie hat auch ein eigenes Forscherlabor. Hier können Laien Fundstücke untersuchen. Den Mittelpunkt bildet ein mehr als 5000 Jahre altes Großsteingrab aus Warburg. An 14 Thementischen untersuchen die Gäste die Relikte mit archäologischen, historischen, medizinischen, physikalischen und chemischen Methoden.

Adresse und Öffnungszeiten wie LWL-Museum für Archäologie

DRAUSSEN

#38

ab 7 Jahre

Landschaftspark Hoheward Besucherzentrum
Werner-Heisenberg-Straße 14
45699 Herten
Tel. (0 23 66) 18 11 60
www.landschaftspark-hoheward.de

Besucherzentrum: Nov.–März Di.–Do. 10–17 Uhr, Apr.–Okt. Di.–So. 10–18 Uhr, Landschaftspark ganzjährig tägl. geöffnet, Eintritt frei

PKW: A 2, AS Herten Richtung Herne-Wanne auf Münsterstraße, weiter auf Gelsenkirchener Straße, rechts in Ewaldstraße, links in Albert-Einstein-Allee, rechts in Max-Planck-Straße, rechts in Ewaldstraße, Parkplatz an der Zeche Ewald

(GPS 51.571815, 7.145450)

ÖPNV: Ab Herten Bf. mit Bus 249 bis Herten-Mitte, weiter mit Bus SB 27 Richtung Herne/Marl bis Herten Bergwerk Ewald 1/2

Herten

Halde im Landschaftspark Hoheward

Himmelsstürmer und Sternengucker haben eine Anlaufstelle im Landschaftspark Hoheward in Herten. Die Kohleindustrie hat hier eine Hügellandschaft hinterlassen, die das eigentlich platte Ruhrgebiet dem Himmel ein Stück näher bringt. Um genau zu sein: Die Halden Hoheward und Hoppenbruch bilden als Landschaftspark die größte Haldenlandschaft Europas. 162 Hektar misst sie – damit ist sie fast so groß wie die Insel Helgoland.

Zentrales Thema auf der Halde ist die Horizontastronomie. Wie ein modernes Stonehenge erheben sich die zwei Stahlbögen des Horizontobservatoriums über dem Gipfel. Wie man zum Beispiel die Tag- und Nachtgleiche ermittelt, erfahren Besucher in der Ausstellung im Besucherzentrum. Für Kin-

Das Horizontobservatorium: Wahrzeichen des Landschaftsparks Hoheward

Picknick auf der Halde.

der und Erwachsene ist das gleichermaßen spannend. Der Haldengipfel ist über gut erschlossene Wege mit ein wenig Einsatz leicht zu erreichen.

Wer erst einmal die Kalendertage bestimmt hat, kann hier auch gleich noch die Uhrzeit ablesen. Denn oben auf der Halde befindet sich ein Obelisk, der als Sonnenuhr fungiert. Anhand des Schattenverlaufs der Sonne können Besucher die Ortszeit bestimmen.

Erschlossen wird die Haldenlandschaft über Rundwanderwege für Fußgänger und Radfahrer. Im Besucherzentrum Hoheward kann man entsprechende Führungen buchen oder Tipps für die Erkundung auf eigene Faust einholen. Dort gibt es auch eine kostenlose Kinderrallye, die für Kinder ab etwa 7 Jahren geeignet ist. Es gilt, kniffelige Aufgaben rund um die nahe gelegene Zeche Ewald und die Halde Hoheward zu lösen. Die Tour dauert rund drei Stunden.

Mahlzeit!

Ewald Café

Kuchen und rustikale Hausmannskost im Glaspavillon

Doncasterplatz 2, 45699 Herten,
Tel. (0 23 66) 50 28 44
www.ewald-cafe.de
Mo.–Sa. 5.30–19, So. 8–18 Uhr, €

Himmelstreppe und Obelisk begrüßen die Besucher.

DRAUSSEN

#39

Herten

Hof Südfeld mit Spargelmuseum

ab 4 Jahre

Hof Südfeld
Backumer Straße 416
45701 Herten
Tel. (0 23 66) 44 19
www.bauer-suedfeld.de

Spargelmuseum: Apr.–Juli tägl. 10–19 Uhr, Erw. 1,50 €/Kind (ab 5 Jahre) 0,50 €; für Gruppen vorherige Anmeldung erforderlich

PKW: A 43, AS Herten Richtung Gelsenkirchen-Buer/Herten, weiter auf L 511, rechts in Westerholter Straße, links in Backumer Straße, kostenfreie Parkplätze am Hof

(GPS 51.624122, 7.128579)

ÖPNV: Ab Recklinghausen Hbf. mit Bus SB 23 bis Backumer Straße, ca. 15 Minuten Fußweg entlang der Backumer Straße bis Hof Südfeld

Nur wenige Autominuten von der A 43 entfernt und doch mitten auf dem Land: Auf Hof Südfeld in Herten können sich Stadtkinder und -eltern einen Tag Auszeit zwischen Gänsen und Hühnern, Ponys und Kühen, Spargelfeldern und Erdbeerplantagen gönnen. Der Hof ist ganz und gar auf Gäste eingerichtet: Kinder freunden sich im hofeigenen Streichelzoo mit Ziegen, Meerschweinchen und Gänsen an. Papa und Mama frühstücken derweil in Ruhe im Hofcafé. Dazwischen schauen die Ausflügler dem Bauern bei der Arbeit über die Schulter. Der moderne Betrieb hat sich auf die Direktvermarktung verlegt. Vor allem Spargel, Rhabarber, Erdbeeren und Kürbisse werden hier angebaut und auch im Hofladen verkauft.

Ein Ponyclub lässt Mädchenherzen höher schlagen.

Ein Highlight für Kinder ist der Tigerpony Club. Gemeinsam mit Erzieherinnen und den geduldigen Vierbeinern gehen die kleinen Gäste hier auf Entdeckungsreise. Erlebnistage mit Spielen, Reitkurse und Touren mit dem Planwagen stehen auf dem Programm. In den NRW-Sommerferien können mehrtägige Pony-Seminare besucht werden.

Dem Hof angeschlossen ist ein kleines Spargelmuseum, in dem Wissenswertes über das Königsgemüse vermittelt wird. Wer mag, kann auch einen Tag lang mit in die Spargelfelder ziehen und den Weg der Stangen von der Ernte über die Reinigung und Sortierung bis zum Schälen begleiten. Am Ende landet der Spargel dann natürlich auf dem eigenen Teller.

Mahlzeit!

Hofcafé Bauer Südfeld

Vom Feld gleich auf den Tisch im umgebauten Stall

Adresse wie Hof Südfeld, Mo.–Mi. 9–15, Fr.–So. 9–22 Uhr, Do. geschl., **€€**

Blick ins Spargelmuseum

DRAUSSEN

#40

ab 4 Jahre

Internationales Drachenfestival KITE
Kontakt über: Stadt Kamen
Tel. (0 23 07) 1 48-2102
www.stadt-kamen.de
oder
www.kite-kamen.de

Veranstaltungsort:
Segelflugplatz
Derner Straße
59174 Kamen

jährl. im Mai Fr.–So., Eintritt frei

PKW: A 2, AS Kamen/Bergkamen, links in Lünener Straße/B 61, Richtung Kamen, im Kreisverkehr 2. Ausfahrt auf Weststraße, rechts in Bollwerk, links in Schwesterngang, links in Klosterstraße, weiter auf Ostenmauer, links auf Koepeplatz, rechts in Markt, kostenlose Parkplätze in der Innenstadt, von dort Weiterfahrt mit Bus (siehe ÖPNV)

(GPS 51.591518, 7.665634)

ÖPNV: Ab Kamen Bf. oder Markt mit Bus C 23 oder R 81 Richtung Heeren bis Kamen-Heeren/Friedhof

Kamen

KITE Drachenfestival

Die Drachen sind los! Einmal im Jahr wird der Himmel über Kamen von einem Dutzend bunter Luftvögel bevölkert. Immer im Mai steigt auf dem Segelflugplatz das Internationale Drachenfestival Kite. Rund 120 Drachenfreunde aus dem In- und Ausland kommen ins Ruhrgebiet, um ihr Können und ihre bunten Fluggeräte zu präsentieren. Am Himmel schweben dann riesige Kugelfische neben ausgewachsenen Bären, chinesische Lampions neben riesigen Rädern oder

Ein Tiger geht in die Luft …

ganze Katzenfamilien neben Nilpferden. Auch Lenkdrachen zeigen ihre Kunststücke.

Die KITE ist ausdrücklich ein Familienfest. An den drei Festivaltagen dürfen nicht nur Profis ihre Drachen von der Leine lassen, auch Amateure können ihren Luftvögeln ein wenig „Auslauf" gönnen – und sich natürlich Tipps von erfahrenen Dracheneltern holen.

Das Highlight des Festivals ist das Drachen-Nachtfliegen am Samstagabend bei Einbruch der Dämmerung. Dann gibt es eine fantasievolle Show mit Drachenfeuerwerk, Lichtperformance und Musik.

Mahlzeit!

Gastronomiemeile auf dem Festivalgelände

Drachenfans haben auf dem Gelände an unterschiedlichen Imbissständen die Qual der Wahl

Adresse und Öffnungszeiten wie Drachenfestival, €

Nicht nur am Himmel, sondern auch am Boden ist eine Menge los, denn da treffen sich die Highlander zum Kräftemessen. Im Rahmen der KITE werden nämlich die Internationalen Kamener Highland Games und die Kinder Highland Games ausgetragen. Nach alter schottischer Tradition und natürlich im echten Schottenrock treten die Teilnehmer in Disziplinen wie Baumstamm-Weitwurf oder Axt-Zielwerfen an. Die passende Musik kommt von Dudelsackspielern.

Auf dem Gelände gibt es außerdem eine Reihe von Informations- und Verkaufsständen, Drachenbauworkshops, Hüpfburgen, Torwandschießen, ein Kinderkarussell, einen Segwayparcours und einen Mittelaltermarkt. Eine vorherige Anmeldung als Tagesgast ist nicht erforderlich.

DRAUSSEN

#41

ab 10 Jahre

Grüne Flotte
Franke & Tiefenbach GbR
Hafenstraße 15
45478 Mülheim/Ruhr
Tel. (02 08) 74 04 98 75
www.gruene-flotte.de

15. Apr.–15. Okt. tägl. 9–19 Uhr, 16. Okt.–14. Apr. geschl., Tagestour mit Hausboot ab 190 €, 2-Tagestour mit 1 Übernachtung ab 255 €, jeweils plus 250 € Kaution, Kanu-Touren ab 45 € pro Kanu plus 50 € Kaution

PKW: A 40, AS Duisburg-Kaiserberg, rechts in Carl-Benz-Straße, rechts in Ruhrorter Straße, links in Hafenstraße

(GPS 51.439862, 6.833641)

ÖPNV: Ab Mülheim/Ruhr Hbf. mit Bus 135 Richtung Mülheim Schleuse Raffelberg, Haltestelle Mülheim Umschlag, danach zu Fuß in Hafenstraße

Mülheim

Grüne Flotte Ruhr

Radtour mal ganz anders: Auf der Ruhr bei Mülheim strampeln sich Ausflügler in überdimensionalen Tretbooten ab. Zwei Bootsleute treten in die Pedale und navigieren, der Rest der Crew hat Pause! So lässt sich die rund 30 Kilometer lange Strecke zwischen Mülheim-Hafen und Essen-Steele auf der Ruhr per Muskelkraft und trotzdem ganz entspannt zurücklegen. Auf diesem Ruhrabschnitt ist es besonders schön zu fahren, denn hier zeigt sich das Ruhrgebiet von seiner grünen Seite.

Die drei Schiffe der Grünen Flotte – die Escargot (zu Deutsch: Schnecke), die EscargotPlus und die EscargotVitesse sind Tréthausboote. Außen Schiff, innen Wohnmobil bieten sie alles, was man für eine ruhige Nacht braucht. Wie in einem Camper kann die Sitzecke zur Schlafgelegenheit umgebaut werden, im Bug wartet ein 2 mal 2 Meter großes Bett auf müde Reisende. Gefrühstückt wird in der Mini-Küche.

Außerhalb der Kajüte warten am Heck der Escargots zwei bequeme Fahrradsitze und zwei Pedalkränze auf kräftige Beine. Die Passagiere müssen also selbst dafür sorgen, dass das Boot Fahrt macht. Rund 3,5 Kilometer pro Stunde können per Pedalkraft zurückgelegt werden. Wenn die Beine lahm werden, hilft zur Not ein zuschaltbarer Elektromotor. Bis zum Baldeneysee müssen Freizeitkapitäne ihre Hausboote durch drei Schleusen steuern. Die ersten beiden überwinden 5 Meter, zur Einfahrt in den Stausee müssen die Boote fast 10 Meter geliftet werden – ein

Urlaub auf dem Wasser …

Erlebnis der besonderen Art. Einen Bootsführerschein braucht man übrigens nicht, um im Schneckentempo die Ruhr hinauf- oder hinunterzuschippern.

Wer eine günstigere Ausflugsvariante auf dem Wasser sucht, kann auch per Kanu reisen. Kanus und entsprechende Ausrüstung für vorgegebene Touren hat der Anbieter ebenfalls.

In der Schleuse

Hier wird gestrampelt.

DRAUSSEN

#42

Mülheim

MüWi Wikingerschiff

ab 10 Jahre

Wasserbahnhof Mülheim
(Ablegestelle)
Alte Schleuse 1
45468 Mülheim/Ruhr
Tel. Touristinformation
(02 08) 9 60 96 42
www.muelheim-ruhr.de

Wikingerschiff buchbar Mitte Apr.–Mitte Okt., p. P. 30 € (Schnuppertour)

PKW: A 40, AS Mülheim-Heißen, Richtung Mülheim-Stadtmitte, weiter auf Bismarckstraße, weiter geradeaus auf Wilhelmstraße, dann der Beschilderung „Weiße Flotte" folgen

(GPS 51.423771, 6.876198)

ÖPNV: Ab Mülheim/Ruhr Hbf. mit Bus 151 Richtung Essen bis Wilhelmstraße, von dort Fußweg zum Wasserbahnhof ca. 8 Minuten: Wilhelmstraße Richtung Ruhr, rechts in Auf dem Dudel, links in Alte Schleuse

Die Wikinger sind los! Manchmal, wenn das Wetter schön und die Ruhr belebt ist, kann man zwischen Mülheim und Essen-Kettwig ein besonderes Phänomen beobachten: Dann schiebt sich ein hölzernes Schiff mit geschwungenem Bug und Heck und zahlreichen bunten Verteidigungsschilden den Fluss hinab. Gut ein Dutzend behelmter Menschen legen sich in die Riemen, ein Bootsführer ruft knappe Kommandos. Fast erwartet man, Wickie am Bug stehen zu sehen. MüWi, das originalgetreu nachgebaute Wikingerschiff, ist eindeutig der Star unter den Ausflugsschiffen auf der Ruhr. Wer mag, kann das Holzschiff samt Bootsführer zwar nicht für eine Eroberungs-, aber immerhin für eine Erkundungstour mieten. Dafür muss man aber schon eine ganze Gruppe zusammenbekommen.

Drei unterschiedliche Fahrten hat die Mülheimer Stadtmarketing Gesellschaft im Angebot: „Das große Wikingerabenteuer" dauert rund vier Stunden. Innerhalb dieser Zeit rudern die Neu-Wikinger unter fachlicher Leitung von Essen-Kettwig bis Mülheim. „Ragnarök – die Dämmertour" fängt die Flussabendstimmung ein. Rund drei Stunden dauert die Fahrt mit dem illuminierten MüWi. Für alle, die das Wikingerleben nur mal antesten wollen, gibt es die „Ruhrluft-Schnuppertour". Für gut zwei Stunden schippert MüWi die Ruhr hinab und hinauf. Start und Ziel ist der Mülheimer Wasserbahnhof.

Wikinger ahoi!

Bis zu fünfmal im Jahr nimmt das Schiff aber auch Einzelreisende mit auf Schnuppertour. Die Termine kann man bei der Mülheimer Stadtmarketing und Tourismus GmbH (MST) erfragen. Generell gilt, dass Kinder nur in Begleitung erziehungsberechtigter Erwachsener mitfahren dürfen. Außerdem müssen immer mindestens acht erwachsene Ruderer an Bord sein.

12 Meter lang und 2,5 Meter breit ist MüWi. 14 Ruderer finden maximal Platz. Heimathafen ist der Mülheimer Wasserbahnhof, der als Mittelpunkt der Schleuseninsel der Dreh- und Angelpunkt aller Wasserausflüge in Mülheim ist. Hier locken die Abenteurer eine Promenade unter Palmen, eine überdimensionale, bepflanzte Blumenuhr und ein Ausflugslokal.

DRAUSSEN

#43

ab 10 Jahre

Informationszentrum Emscher Landschaftspark – Haus Ripshorst Gehölzgarten
Ripshorster Straße 306
46117 Oberhausen
Tel. (02 08) 8 83 34 83
www.emscherlandschaftspark.de

Gehölzgarten ganzjährig tägl. geöffnet, Eintritt frei, Öffnungszeiten Haus Ripshorst: März–Okt. Di.–So./Feiertage 10–18, Nov.–Febr. Di.–So./ Feiertage 10–17 Uhr, Mo. geschl., zwischen den Jahren geschl.

PKW: A 42, AS Oberhausen-Osterfeld/ Neue Mitte, auf Osterfelder Straße, links in Ripshorster Straße, Parkplatz vor dem Haus

(GPS 51.492305, 6.900445)

ÖPNV: Ab Oberhausen Hbf. mit Bus 958 bis Aquastraße oder Bus 957 bis Haus Ripshorst

Oberhausen

Gehölzgarten Ripshorst

Baum ist nicht gleich Baum. Wie sieht denn zum Beispiel ein Blauglockenbaum aus? Oder ein Mammutbaum? Und was war eigentlich zuerst da: Birke oder Buche? Wer all das ganz genau wissen möchte, sollte einen Ausflug zum Gehölzgarten Ripshorst in Oberhausen machen. Mehr als 6000 verschiedene Bäume stehen hier rund um den 40 Hektar großen Park in direkter Nachbarschaft zum CentrO.-Gelände. Das breite Baumband ist so angelegt, dass es die Entwicklungsgeschichte der Wälder aus der Zeit von vor 60 Millionen Jahren bis heute nachvollzieht. Je weiter die Besucher gehen, desto „jünger" werden die Bäume. Infotafeln erklären die einzelnen Arten und ihre Entwicklung. Spannend ist auch, die unterschiedlichen Baumfrüchte zu bestimmen: Da gibt es Apfel- oder Walnussbäume, aber auch Maulbeer-, Quitten- oder Mispelgehölze.

Spaziergänger im Gehölzgarten stoßen auf ein ungewöhnliches Gebilde:

Im Haus Ripshorst gibt es alle Informationen zum Emscher Landschaftspark.

Mahlzeit!

Ristorante Il Viale

Klassischer Imbiss mit breitem Angebot von Hähnchen über Pizza bis Gyros

Frintroper Straße 60, 45359 Essen
Tel. (02 01) 7 59 19 59
www.ilviale.de
Mo.–Sa. 11–14.30 u. 17–23, So. 10–14.30 u. 17–22 Uhr, **€€**

einen merkwürdig verbogenen Strommasten. Beinahe sieht es so aus, als würde er tanzen. Das ist so gewollt, denn der Mast ist Kunst. „Zauberlehrling“ heißt die Skulptur, die hier im Rahmen der Freiluftausstellung Emscherkunst.2013 aufgestellt wurde.

Haus Ripshorst ist das Informationszentrum des Emscher Landschaftsparks, des größten Regionalparks in Europa. Alles Wissenswerte, Angebote, Termine und Orte können Besucher hier erfahren. Es finden außerdem regelmäßig spezielle Familienführungen und Vorträge statt, zum Beispiel über Bienen und die Imkerei. Hier gibt es nämlich auch einen Lehrbienenstock.

Extratipp!

Geocaching am Haus Ripshorst

Abenteurer können rund um das Haus Ripshorst auf Schatzsuche gehen. Der Regionalverband Ruhr (RVR) hat zusammen mit der Deutschen Wanderjugend eine Geocachingroute ausgearbeitet. Die technische Ausstattung müssen Schatzsucher selbst mitbringen.

Infos finden sich unter
www.metropoleruhr.de/freizeit-sport/emscher-landschaftspark/geocaching/geocaching-ripshorst

DRAUSSEN

#44

ab 3 Jahre

Kaisergarten Oberhausen
Konrad-Adenauer-Allee 46
46049 Oberhausen
Tel. (02 08) 3 77 06 12
www.tiergehege-kaisergarten.de

Sommerzeit tägl. 9–19, Winterzeit tägl. 9–17 Uhr, Eintritt frei

PKW: A 42, AS Oberhausen-Zentrum, auf B 223 Richtung CentrO., Parkplätze am Schloss Oberhausen

(GPS 51.493113, 6.860837)

ÖPNV: Ab Oberhausen Hbf. mit Bus 956 bis Schloss Oberhausen

Oberhausen

Kaisergarten

Kein kleiner Streichelzoo, aber auch kein klassischer Tierpark – der Kaisergarten Oberhausen lässt sich in keine Schublade stecken. Das Tiergehege im Schlosspark am Rhein-Herne-Kanal bietet Heimat für rund 500 Tiere aus 70 Arten. Die meisten sind heimische Tierarten. Elefanten oder Kamele sucht man hier vergebens. Stattdessen begrüßen Esel, Hausschweine, Zwerghühner, Schafe, aber auch Luchse, Nutrias und Rehe die Besucher. Die zahmeren Haustierrassen lassen sich meist auch anfassen. Besonders dankbar sind sie aber für eine Hand voll Futter, das man überall im Gehege kaufen kann – außer an besonders besucherstarken Tagen. Dann können die Tiere sich meist vor Futter nicht retten.

Der Kaisergarten will aber nicht nur Ausflugsziel sein. Schwerpunkt des Tierparks ist die Erhaltung alter Haustierrassen, wie das Mangalitza-Wollschwein, das Bentheimer Landschaf, die Graue Gehörnte Heidschnucke und regionale Hühnerrassen. Sie alle haben hier ein Zuhause gefunden. Außerdem

Auch Rehe sind neugierig.

Der Kaisergarten gehört zum Schloss Oberhausen.

gibt es eine NaturErlebnisSchule, die Kindern den verantwortungsvollen Umgang mit Natur und Umwelt näherbringen will. Vor allem in den Ferien ist das Programm immer prall gefüllt. Kinder heuern dann als Nachwuchstierpfleger an, besuchen den Imker oder bewegen die Ponys.

Aber auch für den klassischen Sonntagsausflug eignet sich der Kaisergarten. Auf dem weitläufigen Gelände mit hohen, Schatten spendenden Bäumen lässt sich prima ein ganzer Nachmittag verbummeln.

Mahlzeit!

Schlossgastronomie Kaisergarten

Speisen im rosafarbenen Schloss

Konrad-Adenauer-Allee 48, 46049 Oberhausen, Tel. (02 08) 29 02 20
www.kaisergarten.de
tägl. 9–24 Uhr, **€€**

Extratipp!

Spielplatz Kaiserkrone

Gleich am Rhein-Herne-Kanal, vor dem Eingang des Kaisergartens, befindet sich ein großer und schön angelegter Spielplatz. Es gibt unterschiedliche Bereiche für die einzelnen Altersgruppen, ein Mini-Karussell und einen Imbiss-Stand.

DRAUSSEN

#45

Oberhausen

Wasserspielplatz im OLGA-Park

ab 3 Jahre

Wasserspielplatz im OLGA-Park
Vestische Straße 45
46117 Oberhausen,
www.ogm.de

tägl. Sonnenauf- bis Sonnenuntergang, Eintritt frei

PKW: A 42, AS Oberhausen Neue Mitte, auf B 223 Konrad-Adenauer-Allee, AS Richtung Dorsten/Oberhausen-Eisenheim, links in Werthfeldstraße, weiter auf Bottroper Straße, links in Rheinische Straße, links in Vestische Straße, Parkplätze am Fahrbahnrand

(GPS 51.504120, 6.876545)

ÖPNV: Ab Oberhausen Hbf. mit Bus NE 1 Richtung Hirschkamp bis Sterkrade Bf., weiter mit Bus NE 3 Richtung Fröbelplatz bis Zeche Osterfeld, Fußweg ca. 1 Minute

Sich mal so richtig dreckig machen, matschen, planschen, spritzen! Dafür haben findige Planer Wasserspielplätze erfunden. Einer der schönsten der Region lockt Dreckspatzen in den OLGA-Park in Oberhausen. OLGA steht für Oberhausener Landesgartenschau. Die hat nämlich 1999 hier stattgefunden. Die Schau ist weg, der Park ist geblieben. Auf der 26 Hektar großen, ehemaligen Industriefläche erinnern heute nur noch das alte Steigerhaus, der ausgediente Förderturm, die Koksbatterie und die Pförtnerhäuser an die Zeche. Große Rasenflächen, ein Blumenbeet und ein See erwarten die Besucher. Während Mama und Papa Frischluft tanken, können sich die Kinder auf dem weitläufigen Matschplatz austoben. Zwei große Wasserläufe transportieren das Nass in die Anlage, bergauf und bergab. Mit Pumpen und Wasserrädern können die Kinder dem Wasser noch den richtigen Dreh geben. Matschti-

Der alte Förderturm steht noch.

Ein „Matscharbeiter" in Aktion

sche ergänzen die Anlage. Für das richtige Sand-Wasser-Verhältnis der Matsche können kleine Arbeiter den Sandbagger einsetzen. Man kann Stöpsel ziehen, Spiralen drehen und auf der Hamsterrolle laufen.

Nach getaner Matscharbeit können die Kinder im angrenzenden Spielbereich klettern und toben. Außerdem bietet der Platz Möglichkeiten für Tischtennis, Basketball, Volleyball und Fußball.

Mahlzeit!

Restaurant Aphrodite

Traditionelles griechisches Lokal mit Garten

Koppenburgstraße 50, 46117 Oberhausen,
Tel. (02 08) 89 68 38
www.aphrodite-oberhausen.de
Mo.–Sa. 17.30–23.30, So./Feiertage 12–15 u. 17.30–23.30 Uhr, **€€**

Extratipp!

Attraktionen für Kinder im CentrO.

Das Einkaufszentrum CentrO. mit dem Legoland Discovery Center, dem Sea Life Oberhausen, der Ausstellung Top Secret und dem AQUApark liegt nur 15 Gehminuten entfernt. Es führt ein ausgeschilderter Fußweg durch den OLGA-Park bis dorthin.

Adressen der Attraktionen siehe Drinnen-Tipps Nr. 43, 44, 45, 46 (ab S. 98).

DRAUSSEN

#46

ab 6 Jahre

Bauspielfarm Recklinghausen
Lülfstraße 69
45665 Recklinghausen
Tel. (0 23 61) 8 38 48
www.bauspielfarm-re.de

Apr.–Sept. Mo.–Fr. 15–19, Okt.–März Mo.–Fr. 14–18 Uhr, Sa./So. geschl., Eintritt frei

PKW: A 2, AS Recklinghausen-Ost Richtung Recklinghausen-Suderwich, links in Röllinghäuser Straße, rechts in Schmalkalder Straße, links in Henrichenburger Straße, rechts in Schulstraße, rechts in Im Paßkamp, links in Lülfstraße, Parkplätze an der Straße oder am Sportplatz

(GPS 51.604837, 7.264842)

ÖPNV: Ab Recklinghausen Hbf. mit Bus 233 oder 213 Richtung Henrichenburg Mitte/Castrop-Rauxel bis Lülfstraße, ca. 7 Minuten Fußweg entlang der Straße

Recklinghausen

Bauspielfarm

Abenteurer zieht es nach Recklinghausen. In der Kreisstadt im östlichen Ruhrgebiet gibt es eine regelrechte Oase für Kinder, die sich mal richtig ausprobieren wollen – ohne Verbote, ohne Ermahnungen, ohne übervorsichtige Eltern. Auf der Bauspielfarm Recklinghausen können sie Buden zimmern, Staudämme bauen, Tiere versorgen oder auch lernen, mit Pfeil und Bogen umzugehen – ein bisschen wie im Nimmerland von Peter Pan. Über rund 9000 Quadratmeter erstreckt sich die Farm – damit ist sie fast so groß wie eineinhalb Fußballfelder. Hinzu kommen noch Weideflächen für die Tiere der Bauspielfarm. In verschiedenen Bereichen wird gebaut, gegärtnert, aber auch getobt, gespielt oder geklettert.

Im Mittelpunkt der Anlage steht der Baubereich. Hier gibt es immer etwas zu tun: Hütten werden gezimmert, Brücken konstruiert und Dächer gedeckt. Holz und andere Materialien stehen zur Verfügung. Anleitung und Unterstützung gibt es von den Mitarbeitern. Da werden schon mal alte Töpfe verbaut oder Badewannen umfunktioniert. Der gesamte Bereich ähnelt einer Kinderstadt, gebaut von und für Kids. Auch im Garten stehen immer Projekte an, bei denen sich die jungen Gäste einbringen können: eine Kräuterspirale bauen, säen, ernten oder Unkraut jäten. Kleine Abenteurer sollten mindestens 6 Jahre alt sein, um die Angebote nutzen zu können.

Auch zum Toben ist ausreichend Platz auf der Bauspielfarm. Ein Hochseilgar-

ten lockt Mutige in die Baumwipfel, auf dem Wasserspielplatz darf gematscht werden. Wer mag, kann sich auch um die Farmtiere kümmern. Neben einem Lama und Eseln leben hier Schafe, Ziegen, Gänse, Schweine, Kaninchen und Hühner.

Die Angebote der Bauspielfarm sind offen, d. h. jeder kann vorbeikommen und einfach mitmachen. Es gibt aber auch immer wieder Gruppenangebote oder Ferienprogramme. Für diese speziellen Events oder Workshops wird dann ein Eintritt erhoben. So gibt es u. a. Vater-Kind-Camps oder Workshops zum Bogenschießen. Träger der Farm ist ein gemeinnütziger Verein.

Mahlzeit!

Restaurant Klostermann

Steaks, Kindergerichte, Toasts und Salate in großer Auswahl in Sichtweite der Bauspielfarm

Sachsenstraße 131, 45665 Recklinghausen, Tel. (0 23 61) 94 33 50
www.restaurant-klostermann.de
Mo.–Fr. 17–23, Sa. 11–14.30 u. 17–23, So./Feiertage 11–23 Uhr, **€€**

Extratipp!

Freibad Suderwich

Nach getaner Arbeit auf der Bauspielfarm verspricht das Freibad Suderwich an heißen Tagen Abkühlung. Geschwommen wird in einem aus Grundwasser gespeisten See. Zusätzlich wurden einige kleinere Becken gebaut, in denen Kinder sich abkühlen können. Das Freibad liegt sehr idyllisch im Grünen, alte Bäume spenden Schatten. Das Bad ist in rund 5 Minuten bequem zu Fuß von der Bauspielfarm aus zu erreichen.

Naturfreibad Suderwich, Am Freibad 20, 45665 Recklinghausen, Tel. (0 23 61) 8 10 00, **www.recklinghausen.de,** Mai–Ende Aug, tägl. 9–20 Uhr, Erw. 2,70 €/Kind bis 15 Jahre 1,50 €

Hier gibt es immer etwas zu tun.

DRAUSSEN

#47

ab 10 Jahre

Kletterwald Wetter
Harkortberg
58300 Wetter
Tel. (0 61 98) 5 19 01 90
www.kletterwald-wetter.de

April–Okt. Sa./So./Feiertage 10–19 Uhr, an den anderen Tagen variieren die Öffnungszeiten von Monat zu Monat, am besten auf der Internetseite nachschauen, 2-Std.-Ticket p. P. Mo.–Fr. 9,90 €/Sa.–So. 11,90 €

PKW: B 226 Richtung Wetter, weiter auf B 234/Kaiserstraße, links in Wolfgang-Reuter-Straße, Beschilderung „Harkortberg" folgen, Parkplatz hinter Sportlerheim

(GPS 51.394263, 7.394146)

ÖPNV: Ab Wetter Bf. mit Bus 593 bis Wolfgang-Reuter-Straße, ca. 5 Minuten Fußweg den Harkortberg hinauf

Wetter

Kletterwald

Wer den Wald vor lauter Bäumen nicht sieht, sollte sich die ganze Sache mal von oben anschauen – zum Beispiel in Wetter. Am Harkortberg lockt der Kletterwald Wetter mit insgesamt 14 verschiedenen Parcours in luftigen Höhen. In den Wipfeln der jahrzehntealten Bäume können sich Abenteuerlustige ohne Höhenangst ihren Weg suchen. Es gilt, die Distanz zwischen den Plattformen in den Bäumen zu überwinden – mal hangelnd, mal wie ein Seiltänzer oder auch rutschend. Seilrutschen, Hängebrücken, Wackelbalken, verschiedene Netzverbindungen oder auch Tarzansprünge bringen die Kletterer von Station zu Station. Die Mutigsten wagen sich bis in 18 Meter Höhe.

Dabei kommen Anfänger ebenso auf ihre Kosten wie Fortgeschrittene. Wer einfach beginnen möchte, kann sich erstmal in 1 Meter

Sicherheit wird beim Klettern groß geschrieben.

Höhe von Plattform zu Plattform hangeln. Fünf Level gibt es, gekennzeichnet von grün bis schwarz. Letzterer ist nur für Profis geeignet. Dazu müssen die Kletterer mindestens 12 Jahre alt sein. Auch dann dürfen sie nur in Begleitung eines Erwachsenen klettern. Es gibt aber bereits Routen für Kinder ab 6 bzw. 7 Jahren. Richtig interessant wird es für Kids ab rund 10 Jahren. Ihnen stehen alle Routen bis auf die Profiparcours „K2“ und „Nanga Parbat“ offen.

Natürlich sind die Kletterer immer gesichert, ein Karabinerhaken wird in die zwischen den Bäumen gespannten Seile eingehakt. Ein Helm gehört ebenfalls zur Ausrüstung. Außerdem sind natürlich Betreuer vor Ort, die vorklettern, Hilfestellungen geben oder falls nötig den Abstieg begleiten.

Von oben haben die Kletterer übrigens auch einen tollen Blick auf den Harkortsee am Fuß des Hügels.

Mahlzeit!

Eataliano

Restaurant mit eigener Fußball-Lounge und großer Speisekarte

Bahnhofstraße 19, 58300 Wetter,
Tel. (0 23 35) 9 67 94 99
Di.–Sa. 17–21, So. 10.30–15 u. 17–23 Uhr,
Mo. geschl., **€–€€**

DRAUSSEN

#48

ab 8 Jahre

Freizeitzentrum Kemnade, Geschäftsstelle Luhns Mühle
Querenburger Straße 29
58455 Witten
Tel. (0 23 02) 2 01 20
www.kemnadersee.de

Mo.–Do. 8–16, Fr. 8–14.30 Uhr, Sa./So./Feiertage geschl.

PKW: A 43 Richtung Wuppertal/Witten bis Witten-Heven, links in Seestraße, weiter auf Universitätsstraße, rechts in Querenburger Straße, Parkplätze am Freizeitzentrum

(GPS 51.438524, 7.282195)

ÖPNV: Ab Bochum Hbf. mit U-Bahn U 35 bis Ruhr-Universität Bochum, umsteigen in Bus 375 bis Freizeitbad Heveney

Witten

Freizeitzentrum Kemnader See

Am jüngsten der sechs Ruhrstauseen geht es sportlich zu. Segeln, Surfen, Rudern, Inlineskaten, Tennisspielen, Radfahren, Beach-Volleyball spielen – für alle Sportarten bietet der Kemnader See zwischen Bochum und Witten ein ideales Revier. Am Freizeitzentrum Kemnade gibt es fast nichts, was es nicht gibt. Die Freizeitgesellschaft unterhält vier „Filialen“ rund um den See, von denen jede eine andere Ausrichtung hat. Je nach Vorliebe können Ausflügler einen der so genannten Freizeitschwerpunkte ansteuern, die entsprechende Ausrüstung ausleihen und loslegen.

Am Hafen Heveney finden Wasserratten Ruder- und Tretboote, für erfahrene Segler sind auch Jollen im Angebot. In direkter Nachbarschaft zum Hafen Heveney, gleich neben dem Freizeitbad mit seiner Sauna- und Solelandschaft, kommen auch andere Trendsportler auf ihre Kosten. In Oveney warten Kajaks, Wasserbikes und Ruderboote auf Ausflügler. Außerdem kann man hier Fahrräder für eine Tour um den See ausleihen. Eine Minigolfanlage gibt es ebenfalls. Der Freizeittreff Herbede ist ein beliebtes Ziel für sportliche Wettkämpfer. Auf zwei Kunstrasentennisplätzen, einem Beach-Volleyballfeld und einer 18-Loch-Minigolfanlage können Familien ganze Olympische Spiele austragen. Trendsportler treffen

sich an der Indoor-Inline- und Skateboardanlage. Außerdem gibt es das Freizeitbad Heveney, das mit Sauna, Thermalbad und Rutschen im Freibadbereich lockt.

Wer ganz sportlich ist, wagt sich auf Inlineskates rund um den Stausee. Rund 11 Kilometer lang ist die noch recht junge Ruhr-Inlinebahn. Abends wird der Rundkurs sogar beleuchtet.

Mahlzeit!

StrandDeck Kemnade

Beach-Club direkt am Hafen Heveney

Blumenau 7 a, 44801 Bochum
www.stranddeck.de
Mai–Ende Sept. Mo.–Do. 11–23, Fr./Sa. 11–1, So. 10–23 Uhr, Okt.–Apr. geschl., €

Haus Oveney

Ausflugslokal auf der Bochumer Seite des Kemnader Sees mit großer Speisenauswahl

Haus Oveney, Oveneystraße 65,
Tel. (02 34) 79 98 88, 44797 Bochum
www.haus-oveney.com
tägl. ab 10 Uhr, €

DRAUSSEN

#49

ab 8 Jahren

Kitebuggyfahrschule World of Wind
Querenburger Straße
58455 Witten
Tel. (0 23 27) 78 73 19
(Büro in Wattenscheid)
www.worldofwind.de

März–Nov. Kurse nach Vereinbarung, 2-Std.-Schnupperkurs inkl. Ausrüstung 59 €

PKW: A 43 Richtung Wuppertal/Witten, AS Witten-Heven, links in Seestraße, links in Querenburger Straße, Parkplatz am Freizeitbad Kemnade

(GPS 51.438395, 7.282452)

ÖPNV: Ab Bochum Hbf. mit U-Bahn U 35 bis Ruhr-Universität Bochum, dort Bus 375 bis Freizeitbad Heveney

Strandsegeln macht Riesenspaß!

Witten

Kitebuggy- und Strandsegelschule am Kemnader See

Drachensteigen lassen war gestern! Wer auf Trendsport steht, spannt den Lenkdrachen vor einen Buggy und saust damit über ebene Flächen. Normalerweise sieht man die dreirädrigen Flitzer mit Windantrieb eher an den Touristenstränden im In- und Ausland. Im Ruhrgebiet gibt es aber sogar eine Fahrschule für den angesagten Sport: Am Ufer des Kemnader Sees, in direkter Nachbarschaft zum Hafen Heveney, hat Chris John seine „World of Wind“ etabliert. Auf einer rund 35.000 Quadratmeter großen Wiese am Ufer drehen Kitebuggys und Strandsegler ihre Runden.

Per Lenkdrachen werden die Buggys kreuz und quer über die Fläche gejagt. Die Fahrer halten die Handles mit den Kites in den Händen, gesteuert wird mit den Füßen. Je nach Windstärke erreichen die Sportgeräte an Stränden Geschwindigkeiten bis zu 100 Kilometer pro Stunde, auf der Wiese am Kemnader See sind immerhin 40 Kilometer pro Stunde drin. Zweites Standbein der Schule sind die Strandsegler. Hier spielen Mast und Segel die Hauptrolle. World of Wind ist die einzige vom Deutschen Seglerverband anerkannte Strandsegelschule der Region.

Weil die Bedingungen in Bochum die Kites nicht ganz so schwindelerregend schnell werden lassen, ist das Terrain ideal für An-

fänger oder alle, die den Sport einfach mal ausprobieren möchten. Im Sommer gibt es bei Bedarf und je nach Wetterlage an jedem Wochenende Schnupper- oder Anfängerkurse. In den zweistündigen Schnupperkursen geht es vor allem darum, die Flugschirme zu beherrschen und zu lenken. Erst dann werden Wende und Halse (Rückwärts-Wende) mit dem Buggy geübt.

Wer richtig einsteigen möchte, kann auch seine Kitebuggy-Lizenz erwerben, die Sportler vorlegen müssen, wenn sie an Stränden wie St.-Peter-Ording oder Les Hemmes in Nordfrankreich fahren möchten.

Vorkenntnisse sind nicht nötig, die Ausrüstung stellt die Fahrschule zur Verfügung. Neben den Buggys und den der Windstärke angepassten Kites ist das vor allem ein guter Helm.

Daneben gibt das Team der Schule Schnupperkurse für den Umgang mit dem Power-Kite – der großen Lenkmatte –, im Strandsegeln oder im Kitelandboarding – dem „Skaten" mit Drachen.

Mahlzeit!

Möwennest

Gastronomie am und im Freizeitbad Heveney

Querenburger Straße 35, 58455 Witten
Tel. (0 23 02) 5 72 62
www.moewennest.info
Mo.–Sa. 9–23, So. und Feiertage 9–21 Uhr, €

Extratipp!

Freizeitbad Heveney

Wer nach dem Kampf mit dem Wind relaxen möchte, braucht nur ein paar Schritte weiter zu gehen. Gleich nebenan liegt das Freizeitbad Heveney, das viel Abwechslung im Innenbereich bietet: Schwimmkanal, Wassergrotte, Gegenstromanlagen, Rutschen, Bodensprudler und Wasserkanonen halten die Gäste im 700 Quadratmeter großen Becken auf Trab. Im Saunabereich und im Soleaußenbecken ist dagegen Entspannung angesagt.

Querenburger Str. 35, 58455 Witten, Tel. (0 23 02) 5 62 63, **www.kemnadersee.de**, Mo.–Sa. 9–23, So./Feiertage 9–21 Uhr, 2-Std.-Karte Erw. 4 €/Kind bis 16 Jahre 2,50 €

DRAUSSEN

#50

Witten

Wasserspielplatz Kleine Ruhr auf Zeche Nachtigall

ab 5 Jahre

Wasserspielplatz Kleine Ruhr, LWL-Industriemuseum Zeche Nachtigall
Nachtigallstraße
58452 Witten-Bommern
Tel. (0 23 02) 93 66 40
www.zeche-nachtigall.de

geöffnet nach Wetterlage, Eintritt frei

PKW: A 43, AS Witten-Heven, in Herbeder Straße, Kreisverkehr 1. Ausfahrt auf Ruhrdeich/B 226, rechts Ruhrdeich folgen, rechts in Nachtigallstraße, einige Parkplätze am Museum, weiterer Parkplatz ca. 1 km entfernt auf Nachtigallstraße

(GPS 51.429115, 7.313014)

ÖPNV: Ab Witten Hbf. rund 20 Minuten Fußweg über Herbeder Straße, auf Nachtigallbrücke (über die Ruhr), weiter auf Nachtigallstraße

In Witten ist der Bergbau zu Hause. Die ehemalige Zeche Nachtigall – heute eines von insgesamt acht Industriemuseen des Landschaftsverbandes Westfalen-Lippe – gehört zu den ersten Zechen des Ruhrgebiets. Schon in alten Unterlagen aus dem 17. Jahrhundert ist die Zeche am Eingang des Muttentals verzeichnet. Außerdem liegt sie an dem Fluss, der der Region ihren Namen gegeben hat: an der Ruhr. Der Fluss war Hauptverkehrsstraße, Wasserversorger und Antriebskraft für Maschinen. Leben und Arbeiten hingen von ihm ab.

Was alles in so einem Fluss steckt, erfahren Kinder auf dem Wasserspielplatz Kleine Ruhr aus erster Hand. Denn auf dem Gelände des Industriemuseums Zeche Nachtigall findet sich das Gewässer im Miniaturformat. Kleine Arbeiter können hier Wasser stauen, Schleusen betreiben, ein Mühlrad in Gang setzen und ihr Schiffchen auf dem nachgebauten Flusslauf fahren lassen. Auch einen Ruhrnachen gibt es hier, ein Kohletransportschiff aus dem 19. Jahrhundert. Das Schiff wurde nachgebaut, ebenso wie der dazugehörige Anleger.

Wer noch mehr über die Frühzeit der Kohleförderung wissen möchte, sieht sich am besten das Besucherbergwerk Nachtigallstollen an. Wie in den Anfangs-

zeiten des Bergbaus im Ruhrgebiet üblich, verläuft der Stollen geradewegs in den Berg hinein. Besucher müssen also nicht „einfahren“ und „unter Tage“ gehen. Rund 130 Meter ist der Stollen lang. Bei einer Führung lernen die kleinen Bergleute die Arbeit mit Abbauhammer und Pressluftbohrer kennen und erleben das typische Flair eines Kohlebergwerks. Stollentouristen sollten feste Schuhe und eine Jacke mitbringen – es wird hier kaum wärmer als 12 Grad.

Mahlzeit!

Auf Nachtigall

Biergarten mit hausgemachtem Kuchen, Grillspezialitäten und deftigen Eintöpfen

Nachtigallstraße 35, 58452 Witten, Tel. (0 23 02) 93 66 40
www.auf-nachtigall.de
Di.–So. 10–19 Uhr, Mo. geschl., im Winter eingeschränkte Öffnungszeiten, €

So sah es früher im Bergwerk aus.

Extratipp!

Zechensafari

Auf der Zeche Nachtigall tummeln sich nicht nur Besucher. Insekten und kleine Tiere haben das ehemalige Industriegelände nämlich zu ihrer Heimat erkoren. Einmal im Monat (dienstags) geht eine Naturpädagogin mit Kindern ab 6 Jahren und interessierten Erwachsenen auf Zechensafari. In rund 2,5 Stunden erkunden sie gemeinsam die Tier- und Pflanzenwelt auf der Zeche Nachtigall. Dabei graben die Teilnehmer manchmal ein wenig, um auf Bewohner des Areals zu treffen.

Adresse wie Wasserspielplatz Kleine Ruhr, Zechensafari an jedem 4. Dienstag im Monat, 15 Uhr, 5 € p. P.

EXTRA

ab 8 Jahre

Route der Industriekultur, Besucherzentrum Ruhr, Kohlenwäsche, Schacht XII
Gelsenkirchener Straße 181
45309 Essen
Tel. (02 01) 24 49 89 32
www.route-industriekultur.de

tägl. 10–18 Uhr, Heiligabend/Silvester geschl., kein Eintritt (an den einzelnen Ankerpunkten werden z. T. Eintritte erhoben)

PKW: A 42, AS Gelsenkirchen-Heßler/Essen-Katernberg, auf Schalker Straße Richtung Katernberg, weiter auf Katernberger Straße, rechts in Schonnebeckhöfe, rechts in Bullmannaue, Parkplätze rund um das Areal

(GPS 51.490712, 7.044571)

ÖPNV: Ab Essen Hbf. mit Straßenbahn 107 bis Zollverein

Ruhrgebiet

Route der Industriekultur

An der Industriekultur führt im Ruhrgebiet kein Weg vorbei. Zahlreiche ehemalige Zechen, Fabriken und Hochöfen sind heute für Besucher freigegeben. Sie erzählen von der arbeitsreichen Geschichte der Region. An manchen Orten ist auch Neues entstanden: Junge Firmen, Theater und Kreative haben in den alten Hallen neue Quartiere gefunden. Die Route der Industriekultur verbindet herausragende Denkmäler auf einem rund 400 Kilometer langen Rundkurs. 25 Ankerpunkte verknüpft die Route, darunter sind zum Beispiel das Museum der Deutschen Binnenschifffahrt in Duisburg, der Nordsternpark in Gelsenkirchen oder die Lindenbrauerei in Unna. Dazu kommen 16 Aussichtspunkte und die 13 schönsten Siedlungen verschiedener Epochen. Wer sich auf die Reise in die Industriegeschichte begeben will, braucht einen Pass – den Entdeckerpass. Die Broschüre leitet Ausflügler wie ein Kompass durch die Region. Entdecker holen sich an jedem der besuchten Ankerpunkte einen Stempel ab. Auf der Rückseite der Broschüre dokumentieren die Stempel so die eigene Erlebnisreise. Wer mindestens 15 Stempel gesammelt hat, erhält im Besucherzentrum Ruhr auf dem Welterbe Zollverein in Essen gegen Vorlage seines abgestempelten Passes ein kleines Geschenk.

Die Broschüre wird jedes Frühjahr neu aufgelegt und in jeder Saison gibt es auch ein anderes Geschenk – mal ist es eine Fleecedecke, mal eine Kühltasche für das Fahrrad oder ein Fernglas.

Die Route der Industriekultur erschließt das gesamte Ruhrgebiet innerhalb der Grenzen des Regionalverbandes Ruhr. Im Westen warten zum Beispiel der Landschaftspark Duisburg-Nord (siehe S. 146), der Innenhafen Duisburg oder der Gasometer Oberhausen. Zu den Ankerpunkten im mittleren Ruhrgebiet zählen natürlich das UNESCO-Welterbe Zollverein (siehe S. 70), auf dem sich auch die „Basis" der Route befindet, die Villa Hügel Essen, der Nordsternpark Gelsenkirchen (siehe S. 160) und die Jahrhunderthalle Bochum (siehe S. 12). Im östlichen Ruhrgebiet liegen u. a. die Ankerpunkte Lindenbrauerei Unna und Maximilianpark Hamm (siehe S. 174). An allen Ankerpunkten finden sich Museen, Parks oder Kunstzentren. Gekennzeichnet sind sie alle mit einer weithin sichtbaren, überdimensionalen „Nadel", die am Eingang im Boden steckt.

Alle Hinweise zur Anreise, zu den Öffnungszeiten und zum Angebot stehen im Entdeckerpass. Zu bekommen ist der u. a. an den Ankerpunkten der Route und in Tourismusbüros. Auf der Internetseite der Route steht der Pass auch zum Download bereit.

Impressum

Konzeption:
Droste Verlag

Gestaltung/Satz:
Kay Bach, HOX designgroup., Köln

Karten:
Sameena Jehanzeb, Bonn

Druck und Bindung:
B.o.s.s Medien GmbH, Goch

(Angaben Öffnungszeiten und Preise: Stand Januar 2015. Alle Abweichungen, die nach Redaktionsschluss erfolgten, konnten im Buch nicht mehr berücksichtigt werden. Hinweise und Änderungen nehmen wir gern entgegen.)

ISBN 978-3-7700-1466-8

www.drosteverlag.de
www.facebook.com/DrosteVerlag

Kerstin Röhrich (Jahrgang 1970) arbeitet leidenschaftlich gern im und für das Ruhrgebiet. Am westlichen Rand des „Potts" geboren, nutzt sie die Vorteile der kurzen Distanzen im Ballungsraum nicht nur beruflich.

Markus Helmich (Jahrgang 1966) hat nach drei Kindern festgestellt, dass ein interessantes und vielfältiges Freizeitangebot eine schnell aufkommende Langeweile blitzartig unterbinden kann.

Fotos

Alpincenter, Bottrop: S. 2 M. l., 22, 23; **Aquarius Wassermuseum, Mülheim a. d. Ruhr:** S. 92, 93; **Bauernhof am Mechtenberg, Essen:** S. 112 r., 152, 153; **bauer-suedfeld.de:** S. 190, 191; **Bauspielfarm, Recklinghausen:** S. 204, 205; **Biologische Station im Kreis Wesel: R. Müller, K. Kretschmer:** S. 112 l., 114, 115; **B. Hickmann, Stage Pictures:** S. 40; **Bottrop Grafenmühle:** S. 6 u., 126 l., 127 o.; **Caracho Modellrennbahn Center, Recklinghausen:** S. 106, 107; **C. John, Bochum:** S. 113 r., 210, 211 o. l.; **Das Feuerwehrmuseum e.V.:** S. 84, 85; **DASA, Dortmund:** S. 28, 29; **Deutsches Bergbau-Museum, Bochum:** Umschlag v. o. l.; S. 2 l., 10, 11; **Deutsches Fußballmuseum, Dortmund:** S. 2 M. r., 30, 31; **Die aktive grüne Flotte:** S. 5 r., 194, 195; **Dortmunder Kinderoper:** S. 3 l. o., S. 41; **Duisburger Hafen:** S. 140; **EDG Mountainbike-Arena Deusenberg, Dortmund:** S. 6 o. l., 132, 133; **Eisenbahnmuseum, Bochum:** S. 4 M. l., 118, 119; **Eislaufhalle Revierpark Wischlingen, Dortmund:** S. 32, 33; **Erlebnisbad AQUApark Oberhausen:** S. 98, 99; **Explorado Kindermuseum, Duisburg:** S. 44, 45; **Fanta Spielpaltz-Initiative:** S. 120, 121; **FC Schalke 04:** Umschlag v. u. l., S. 76, 77; **Feuerwehrmuseum, Hattingen:** Umschlag v. M., S. 9 r.; **Forest Adventures Deutschland GmbH:** S. 206, 207; **Fotolia:** JackF Umschlag v. o.; **Freizeitbad Atlantis, Dorsten:** S. 26, 27; **Freizeitpark Kettler Hof:** S. 170, 171; **Freizeitpark Schloss Beck:** S. 124; **Freizeitzentrum Kemnade GmbH:** S. 208, 209, 211 M.; **Haus Ruhrnatur, Mülheim an der Ruhr:** S. 96, 97; **Helios Theater, Hamm: W. G. Breuer** S. 80, 81; **Hespertalbahn e.V.:** S. 156, 157 o.; **K. Behle:** S. 157 u.; **Hoesch-Museum, Dortmund:** S. 34, 35; **H. Neuendorf:** S. 146, 147 o., 147 u. l.; **H. Zielske:** S. 147 u. r.; **Jahrhunderthalle, Bochum:** S. 7 r., 12, 13; **K. Niederhöfer, Greven:** S. 78, 125, 198 l., 199 o., 201 o.; **Kanu Club Hohenlimburg: Emmkon Photography:** S. 5 o. l., 164, 165 o.; **J. E. Siwiec:** S. 165 u.; **K. Blaschczok:** S. 169 u.; **KG Rot-Weiß Hamborn:** W. Simon: S. 5 l., 142 r., 143 o., 143 M., 143 u. r.; **Kinderfilmtage im Ruhrgebiet:** S. 66, 67 o.; **H. P. Hüster:** S. 69 o.; **Masch Media:** 67 u., 68, 69 M., u.; **KinderKulturFestival, Duisburg:** S. 144, 145; **Kluterthöhle und Freizeit GmbH:** S. 56, 57; **KOM'MA Theater Duisburg:** S. 50 r., 51 u.; **Lappset Spiel-, Park-, Freizeitsysteme GmbH:** S. 134, 135; **Legoland Discovery Center, Oberhausen:** S. 100, 101 o.; **Lehmbruckmuseum, Duisburg:** S. 53 o., u. l.; W. Hannappel: S. 3 l.; J. Diemer: S. 52; **LWL-Archäologie für Westfalen: O. Kalus:** S. 5 M. r., 186; **P. Jülich:** S. 187 u.; **W. Quickels:** S. 187 o.; **LWL-Freilichtmuseum Hagen:** S. 166, 167; **LWL-Industriemuseum:** A. Hudemann: S. 14, 111, 182, 183 u., 212, 213; **S. Cinit:** S. 15; **W. Fischer:** Umschlag h. o., 183 o.; **Maxipark, Hamm:** Umschlag v. u. M., S. 3 M. r., 83, 174, 175; **Merz Verlag:** Umschlag v. u. r., S. 60, 61; **M. Moll, Essen:** S. 101 u., 126 r., 189 u., 200; **Modellbahnwelt OKtoRail, Essen:** S. 62, 63; **Mondo Mio, Dortmund:** S. 8 l., 36, 37, 38, 39; **Movie Park Germany GmbH:** S. 4 l., S. 128, 129; **MS Kartcenter, Hattingen:** S. 3 r., 86, 87; **MST GmbH:** S.1, 94, 95, u.; **J. Diemer:** S. 3 l. u., 95 o., 196, 197; **Museum der Deutschen Binnenschifffahrt, Duisburg:** S. 54, 55 u.; **Museum Folkwang, Essen: C. Behler:** S. 58, 59; **Museum Strom und Leben, Recklinghausen: A. Fechner, Düsseldorf:** S. 108, 109 o., 109 u. r.; **K. P. Beck:** S. 109 u. l.; **Musiktheater im Revier GmbH:** S. 74, 75; **Naturwildpark Granat:** S. 172, 173; **Niederrhein-Therme, Duisburg:** S. 2 r., 6 M., 48, 49; **Pfiffikus Kommunikation:** Umschlag v. o. M. l., v. o. M. r.; S. 50 l., 51 o., 55 o., 89, 113 l., 138, 139, 141, 142 l., 143 u. l., 150, 151, 169 o., 178 l., 184, 185, 193 o., 193 u.,198 r., 199 u., 201 u., 202, 203; **Phänomania, Essen:** S. 3 M. l., S. 64, 65; **Pippolino Kinderpark, Duisburg:** S. 46, 47; **Planetarium Bochum:** Umschlag v. M. l., S. 8 r., 20, 21; **Querfeldeins.org:** C. Becker: S. 180, 181; **Ruhr Museum, Essen:** S. 70, 71 0; **B. Gonzàlez:** S. 71 u.; **RVR Ruhr:** S. 127 u., 214, 215; **D. Asbach:** S. 188, 189 o.; **Grün/Meemken:** S. 130, 131; **Schloss Hohenlimburg, Hagen:** S. 79; **Schwimmverein Heil 1910 e.V.:** S. 116, 117; **SEALIFE Deutschland GmbH: S.** 102, 103; **Seaside Beach Baldeney GmbH:** S. 158, 159; **Sporttreff Castrop-Rauxel:** S. 24, 25; **Stadt Dortmund: S. Kleemann:** S. 136, 137 o., 137 u. l.; **Stadt Gelsenkirchen:** M. vom Sondern: S. 161 o.; **Stadt Hattingen:** U. Kestler: S. 89 o., 178 r., 179; **Stadt Kamen:** S. 192, 193 M.; **Stadt Marl:** Umschlag v. u. M. l., S. 9 l., 90, 91; **Stadtmarketing Gesellschaft Gelsenkirchen:** S. 161 u.; **Starlight Express, Bochum:** Umschlag v. o. r., S. 16, 17; **Theater Zauberkasten, Bochum:** S. 18, 19; **T. Schröder:** S. 148, 149; **Top Secret, Oberhausen:** S. 104, 105; **TU Dortmund:** S. 43 u.; **TUP, Essen: S. Hamza:** S. 73 o., 73 u. r.; **B. Grimmenstein:** S. 73 u. l.; **Universität Duisburg-Essen:** S. 42, 43 o.; **Wasserski Paderborn Gmbh & Co. KG:** S. 5 M., 176, 177; **World of Wind:** S. 210, 211 o. r., u.; **Zeche Zollverein: J. Tack:** S. 155, M.; **Duschner:** S. 154; **Zeltfestival Ruhr:** S. 4. M. l.; **A. Molatta:** S. 122, 123 o.; **E. Karolczak:** S. 123 u.; **Zoo Dortmund:** S. 4 M. r., 137 u. M., 137 u. r.; **Zoom Erlebniswelt, Gelsenkirchen:** S. 5 M. l., 162, 163